나는 나, 니체입니다

- 나의 삶의 고백이 나의 사상이다 -

연창호 지음

나는 나, 니체입니다

발 행 | 2022년 8월 11일
저 자 | 연창호
펴낸이 | 한건희
펴낸곳 | 주식회사 부크크
출판사등록 | 2014.07.15.(제2014-16호)
주 소 | 서울특별시 금천구 가산디지털1로 119 SK트윈타워 A동 305호
전 화 | 1670-8316
이메일 | info@bookk.co.kr

ISBN | 979-11-372-9157-7

www.bookk.co.kr

이 글은 제가 이해한 니체입니다. 니체를 잘 알아서 쓴 것이 아니라 니체를 쉽게 소개하고자 하는 의도가 강해서 쓰게 된 것입니다. 아마 니체를 너무 잘 알고 있다면 쓰지 못했을 겁니다.

니체를 좀 더 알기 쉽게 해 주고자 니체 입장에서 그의 삶을 1인칭으로 쓰고자 했습니다. 이 책의 제목이 『나는 나, 니체입니다』라고 정한 것은 이 때문입니다. 이 책은 니체에 대한 입문서입니다. 니체의 책을 읽기 전에 이 책을 읽어도 좋고, 니체의 책들에 담긴 내용이 도대체 무엇인지 궁금한 분들도 이 한 권의 책을 읽으면 됩니다. 니체의 삶의 고백이 바로 그의 사상입니다. 그는 자기의 생각을 거침없이 극한까지 전개한 광기와 같은 열정을 가진 사람이었습니다. 니체는 불치의 정신병을 앓고 있었고 그 병고의 삶에서 그의 사상이 나왔습니다. 이 책은 그의 삶을 중심으로 사상을 풀어 보았습니다.

니체는 병고의 순간순간에 몰입의 쾌감을 즐겼던 사람이었습니다. 몰입에서 창조가 일어납니다. 그는 몰입의 쾌감으로 자기의 한계를 극복하고자 글을 썼습니다. 그는 몰입 중에 '나는 나이다' 하는 것을 각성했습니다. 그는 자기 생각을 가장 용감히 극한까지 밀어 붙인 사람입니다.

니체를 한 번 만나보기 바랍니다. 그는 철학자가 아니라 고전을 좋아하는 문학도였습니다. 그는 우리처럼 인문학 독서를 즐겼던 사람입니다. 그런데 고전 문학을 공부하면서 몰입의 기쁨을 알게 되어 신학, 철학, 과학 등을 공부하면서 자신만의 주체적이고 창조적인 생각이 떠오를 때마다 메모해 놓았습니다. 짧은 메모를 모았다가 하나의 주제를 정해 몰입하여 단시간에 책 한권을 써 내려가는 방식이 니체의 책 쓰기 방법이었습니다. 니체를 알면 몰입과 창조의 기쁨을 알 수 있습니다.

현대의 예술, 사상, 철학뿐만 아니라 현대인의 생각의 저변에는 니체의 영향과 흔적이 무수히 많습니다. 전통적인 관념을 해체시켜 자신만의 주체적이고 창조적인 예술과 사상을 펼쳐 보인 니체는 100여년간 많은 영향을 주었습니다.

니체의 글은 당시의 시대 분위기를 반영하고 있습니다. 그의 글을 읽어 보면 무신론자처럼 보이나 꼭 그렇지도 않습니다. 그는 역사적 예수를 초인으로 여기고 사랑했습니다. 사상은 시대의 반영인 동시에 후세에 영향을 주게 마련입니다. 19세기 이후 현재까지 200여년은 격변의 시대요 시대의 전환기입니다. 새로운 시대에는 새로운 사상을 필요로 합니다. 니체는 이천년의 도덕과 철학, 그리고 이에 결합된 그리스도교에 망치를 대어 본 사람이기에 현재를 알고 미래를 가늠하기 위해서 니체를 알아보는 것은 의미가 있습니다.

  이 책은 한 꼭지씩 읽을 수 있도록 구성했습니다. 하루 1시간씩 읽으면 3일 정도 걸립니다. 3일간 니체에 몰입해 볼 것을 권합니다. 다 읽는데 3시간도 걸리지 않습니다. 작은 책 사이즈라 가방에 넣고 다니면서 읽으셔도 됩니다. 살아생전 니체를 만나보시길 바랍니다. 그는 삶에의 의지와 불굴의 용기를 주는 망치를 든 토르입니다.

  니체의 삶은 생에 대한 의지가 충만합니다. 삶은 도전이자 응전입니다. 삶의 전장에서 승리하길 원하는 그대에게 이 책을 권해 드립니다.
  부디 삶의 현장에서 승리를!

2022. 8. 연창호

목차

| 1부 | 어린시절부터 교수가 되기까지

| 2부 | 교수생활

목차

교수생활 | 2부 |

나의 사상 | 3부 |

목차

| 3부 | 나의 사상

| 4부 | 루 살로메와의 편지

목차

루 살로메와의 편지 | 4부 |

1부

어린시절부터
교수가 되기까지

1. 나는 누구인가

나는 니체이다. 나는 독일의 작센 뢰켄에서 루터교 목사의 아들로 1844년 태어났다. 할아버지도 목사였고 아버지도 목사였다. 내가 태어난 날은 10월 15일인데 이날은 프로이센의 왕의 생일과 같은 날이라 아버지는 왕의 이름을 따서 내 이름을 지어 주었다. 내 이름은 프리드리히 빌헬름 니체이다. 니체는 독일에서 흔한 이름이다.

어린 시절에 내 애칭은 프리츠였다. 내 아래로 여동생이 한 명 있는데 2살 아래였다. 그 얘 이름은 엘리자베스이다. 그리고 여동생 아래 한 살 적은 요제프라는 남동생이 있었는데 그 얘는 일찍 죽었다. 나는 과수원속의 목사관에서 5살까지 자랐다.

아버지는 내가 5살에 돌아가셨다. 아버지는 계단에서 넘어지면서 머리를 다쳤다고 한다. 11개월을 누워서 투병하다 하늘나라로 떠났다. 그때 아버지의 나이 35세였다. 한창 젊은 나이에 돌아가신 것이다. 신이 있다면 왜 그런 일이 생겼는지 모르겠다. 아버지가 돌아가신 장례식장에서 나의 어머님 프란체스카는 다음과 같이 절규했다. "오, 신이시여, 나의 사랑하는 루드비히가 죽다니!"

나의 아버지는 전형적인 독일 신사로 예의 범절을 잘 지켰다고 한다. 목사로서 명랑하면서도 음악과 독서를 좋아했다고 한다. 나와는 달리 사교적이었다. 나는 아버지와 달리 고독을 좋아한다. 내가 독서와 음악을 좋아하는 것은 아버지의 피를 물려 받은 것이리라. 나는 어린 시절 매일 성서를 읽었다. 아버지가 내게 물려 준 것은 독서를 몸에 배게 한 것이다. 나는 아버지에게 글을 배우고 나서 매일 성서를 읽어야 했다.

아버지는 규범과 전통을 좋아했다. 나 역시 청소년기까지는 규범을 그대로 따르고 지키고자 애썼다. 나의 별명은 꼬마 목사였다. 그러나 나의 내면에는 언제부터인가 규범과 전통에 의문을 품게 되었다. 그것은 내가 독서와 사색을 통해 사물을 거꾸로 보는 법을 알게 되었기 때문이다. 그러나 이것은 한참 후의 일이었다.

나는 아버지의 죽음을 통해 생과 사의 경계를 알게 되었다. 죽음이 삶과 아주 가까이 있다는 것을 알게 되었다. 내일 일은 알 수 없는 게 인생이었다. 나는 5살 때 삶의 신비를 알게 되었다. 아버지의 장례식에 교회에서 종소리가 울려 퍼졌다. 나는 그 소리가 공허하다는 것을 알았다. 그리고 장례식 때 부른 "예수는 나의 희망"이란 찬송가 역시 우울하고 음침한 선율로 지금도 잊지 않고 있다. 내게 있어 생과 사는 불가해한 동시에 필연의 실체였다. 아버지가 돌아가고 나서 다음해에 남동생인 요제프가 갑자기 세상을 떠났다. 동생이 죽기 몇 시간 전에 나는 예지몽을 꾸었다.

내가 꾼 꿈에는 아버지와 한 아기, 그리고 교회와 묘석이 나왔다. 꿈속에서 아버지는 수의를 입고 있었다. 아버지는 묘석에서 나와 교회로 들어갔다. 그리고 교회에서 한 아기를 안고 나왔다. 아버지는 그 아기를 안고 자기의 무덤 안으로 들어갔다. 그리고 묘석이 닫혀졌다.

내가 꾼 예지몽을 나는 기억하고 있었고 14살 때 이것을 기록하였다. 인간이 꿈을 꾼다는 것은 너무나 신기한 일이었다. 나는 이 때 창세기와 다니엘서를 많이 읽었다. 야곱과 요셉의 신기한 꿈 이야기를 밤새 읽었고, 다니엘이 꾼 꿈을 읽고 또 읽었다. 그들이 꿈을 꾼 게 사실로 되었다면 내가 꿈을 꾸는 것 역시 사실일 수 있는 것이었다. 그런데 만일 내가 꾸는 꿈이 사실이 아니라 개꿈에 불과하다면 야곱, 요셉, 다니엘의 꿈 역시 그저 허구라는 생각이 들었다. 그런데 내가 꾼 예지몽대로 몇 시간 후에 동생이 죽었으니 참으로 성서의 이야기가 허구가 아니구나, 하는 생각이 들었다. 그래도 동생과 아버지의 죽음은 내게 신의 존재에 대해 의문이 들게 되었던 동기였다. 왜 아무런 죄도 없는 그들을 신이 갑자기 데려 가는가, 말이다.

나는 이제 우리 집에서 유일한 남자가 되었다. 나는 5명의 여자들(할머니, 고모들, 엄마와 여동생)속에서 자랐다. 이제 뢰켄을 떠나 할머니의 연고가 있는 나움부르크로 이사했다. 나는 고향을 떠날 때 인생은 고통이 올지 기쁨이 올지 모르는 모험의 연속이라는 것을 알게 되었다. 미지로의 여행, 그것이 삶이라는 것을 고향을 떠나는 마차 위에서 알게 되었다.

2. 나는 나다.

나는 6살에 학교에 들어갔다. 그리고 2년간 공부한 후 '돔 김나지움'에 입학했다. 나는 친구들과 놀 때 새로운 놀이를 개발해 놓았다. 그런데 친구들과 어울려 놀기보다는 혼자서 자연속을 돌아다니는 것을 더 좋아했다. 친구들과 놀고 나면 별로 남는 게 없었기 때문이었다. 나는 자연 속에서 자연을 벗 삼아 대화하는 것을 좋아했다. 비가 오면 친구들이 비를 맞지 않으려고 뛰어가더라도 나는 소나기를 맞으며 그냥 걸어 갔다. 그게 나였다. 교칙을 준수하려는 의도보다는 내 식대로 그냥 하고 싶었기 때문이다.

4년 후에 나는 고전어 학교에 입학했다. 그 학교는 '슐포르 타'였다. 그 때 나의 나이 14살이었다. 그때 나는 내가 살아 온 나날을 기록하고 싶었다. 나는 내가 기억한 것과 메모한 것을 찾아내어 내 삶을 기록했다. 그리고 〈나의 삶〉이란 책 을 내었다.

나는 나를 기록했다. 그 속에서 나는 나를 인도해 준 보이 지 않는 신에게 감사했다. 나는 그동안 기쁨과 슬픔, 두려움 과 환희 등 너무나 많은 것을 보고 겪었다. 경험이 간접적으 로 내게 영향을 주었다면 체험은 나의 내면을 변화시키고 행 동을 바꾸어 주었다. 그러니 경험보다 체험이 다 중요하다는 것을 알게 되었다. 나는 그때까지 내가 의미 있다고 생각했던 것을 모두 기록했다.

나는 14년간 신의 인도를 받아 안전하게 살아왔고, 이에 대해 한없는 감사를 드렸다. 앞으로도 내게 강인한 힘을 주고, 나를 보호해 주길 빌면서 나는 나의 14년의 삶을 책을 펴내 정리했다.

나는 내 삶을 기록하면서 내 삶이 책으로 변하는 기쁨을 맛보았다. 이런 책을 계속 쓴다면 얼마나 좋을까, 하고 생각했다. 이때의 체험이 내 운명을 갈랐다. 나는 나를 기록하기로 하였던 것이다. 신 앞에 솔직히. 내 양심에 솔직히. 이것이 나의 운명이라는 것을 책을 완성한 후 절실히 깨달았다.

나는 나다. 나는 나에 대해 쓸 것이다. 나의 삶에 대해 쓸 것이다. 내가 바라본 세상에 대해 쓸 것이다. 나는 내 자서전을 스스로 14살부터 10년 동안 9편을 썼다. 나는 나에 대해 서서히 미쳐갔던 것이다. 나는 틈틈이 내가 바라본 나와 내가 바라본 세계를 짧게 메모해 두었다. 그리고 농부가 곡식을 수확하듯 한 해가 저물어갈 때마다 나를 기록했다.

나 자신을 솔직히 고백하는 자가 가장 용기 있는 자 아닌가. 나를 내 자신의 거울 앞에 서게 하면 진실을 목격하게 된다. 나는 나, 그게 나다. 그 외엔 나가 없기 때문이다. 나를 드러내는 것이 내 삶의 목적이고 내 운명이다. 그것을 나는 신의 음성으로 들었다. 그날 머리에 번개가 쳤다. 피로써 글을 써야 한다. 나는 이것을 신의 음성으로 들었다. 나의 사상은 곧 나의 고백이자 일기요 자서전이다. 나는 이제 그 길을 걸어가려고 한다. 그때 나는 14살이었다.

3. 우상의 죽음

나는 14살에 기숙학교에 입학하면서 가족과 헤어졌다. '슐포로타'학교는 고전어를 가르치는 아주 엄격한 학교였다. 내가 주로 배운 과목은 고전 그리스어와 라틴어, 그리고 독일 고전 문학이었다. 나는 언어와 문학을 좋아했고 과학과 수학은 싫어했다. 위대한 철학자는 수학의 천재들이었는데 그와 반대로 나는 수학 시간을 싫어했다.

나는 내가 좋아하는 그리스 고전 문학에 깊이 빠져 들었다. 그리스 신화의 신들의 세계에 빠져 들었고, 동경하던 호메로스, 소포클레스, 에우리피데스 등의 문학에 빠져들었다. 그 비극의 세계가 나의 운명이었고, 나란 인간의 본질이 되었다. 그리스 원어를 독해하며 읽어가는 고대와 고전의 세계는 황홀하였다. 원어에 빠져들면 여기서 헤어 나오기 어렵다.

나는 고전에 몰입해 몰입의 기쁨을 알아 밤새도록 시간 가는 줄 모르고 독서와 사색에 빠져들었다. 고전과 나는 하나가 되어 울고 웃었다. 지금 이 세계의 세계보다 더 찬란하고 영화로운 동시에 영웅적이고 비극적인 고대의 세계가 거기 있었다. 나는 지금 여기, '현재'의 세계를 살지 못하고, 저 아득한 고전 문헌의 세계, '고대'에서 살고 거기서 노닐었다. 나는 고전의 시대를 사랑했던 것이다. 고전이 나의 연인이 되었다.

결국 고대의 세계가 나의 세계관이 되었다.

세상에서 나의 무기는 고대의 문헌이었다. 고대의 전사로서 나는 지금의 세상과 싸우고 있는 것이다. 고전 문헌을 공부하면서 꾸준히 나는 글을 썼다. 읽고 쓰는 것이 나의 일이었다. 글쓰기야 말로 나의 운명이 되었다. 나는 독서에 빠져 들어 시력이 나빠지는 것을 알아채지 못했다. 결국 얼마 후에 안경을 써야 했고, 안구 통증은 평생의 불치병으로 나를 괴롭혔다.

나는 '슐포로타'에서 부활절날 견진성사를 받았다. 그것이 마지막이었다. 17살이었다. 나는 독서와 사색, 그리고 토론을 통해 기독교의 천국이 환상이라는 것을 알게 되었다. 하늘이 무너지는 충격과 혼란이 질풍처럼 내 영혼을 강타해 나를 실신케 했다. 천국과 지옥, 내세와 부활, 선과 악의 투쟁, 천사와 악마, 최후의 심판과 종말 등이 동방 종교인 조로아스터교에서 유래해 유대교에 들어온 것을 알게 되었다.

유대 백성이 바빌론에 끌려가 포로생활을 할 때 그들을 구원한 페르시야의 창건자인 키루스2세(고레스)가 기름 부은 자, 즉 그리스도라는 것을 이사야를 연구하면서 알게 되었다. 페르시야의 종교인 조로아스터교가 이원론이며 이것 역시 유일신 종교로서 유대교에 엄청난 영향을 주었다. 그 결과 바빌론 포로 이전과 이후의 유대교가 현격히 달라졌다는 것을 신구약 중간 시대의 역사 공부를 통해 알게 되었다. 이 부분은 나중에 다시 들려주겠다.

키루스 2세는 이교도의 왕이었음에도 이사야는 그를 메시아로 평가해 기록했으니 이때부터 유대교가 민족신의 종교에서 우주적인 종교로 발전했음을 알게 되었다. 인간은 신을 필요로 한다. 신을 어떻게 인식하느냐, 즉 신관神觀이야말로 그의 신앙관을 결정한다. 신이 인간이 되어 지상에 강림했다면 진정한 천국은 이 대지에 있다는 것을 알았다. 이런 생각은 이천오백 년의 지배적인 사고와는 전혀 반대의 생각이었다.

기독교의 천국은 유아기적 사고의 산물이다. 이 지상과 대지야말로 신이 거주하는 곳이고, 실상은 인간 자신이 신이 되어야 한다는 비의祕義를 깨닫게 되었다. 그날 내 머리에 번개가 여러 번 강타해 나를 실신케 했다. 예수가 신의 아들이라면 모든 인간은 신의 아들이라는 각성이었다. 대오大悟였고 해탈이었다. 기름부은 자면 누구나 그리스도라는 깨달음이었다. 신의 아들은 예수만이 아니라 성령을 받아 거듭난 자는 누구든 그리스도라는 각성이었다. 그날 나는 교조화된 우상의 신을 버렸다. 내 머리에 친 번개가 성령인지 무언지 모르겠다. 분명한 것은 나는 성령인지 무언지에 사로잡혀 성령의 이름으로 우상을 죽여 버렸다는 강렬한 느낌뿐이었다. 춤을 추고 노래하고 싶었다. 만물이 새롭게 보였다. 전혀 배가 고프지 않고 달디 단 송이꿀 같은 침만을 삼키며 일주일을 보냈다. 그렇게 17살이 저물어 갔다.

모든 교회는 우상의 신을 예배하고 있었다. 우상을 멀리한다는 교회야말로 우상을 숭배하는 무리들이었다. 그건 자기들의 욕심이 만든 우상의 신이었다. 교회는 천년 묵은 거대한 용이었다. 나의 각성은 나를 제도교회로부터 이탈하게 했다.

4. 사실과 허구의 세계

　나는 내게 닥친 일을 두려워해 해 어떻게 해야 할지 몰랐다. 누구에게 털어 놓을 수도 없었다. 나는 내 스스로 성서를 통해 확인해야 했다. 나는 고전 공부를 하는 틈틈이 신약성서를 석 달간 매일 세 시간씩 연구했다. 그 길 밖에 없었다. 그저 선입견 없이 정직하고 성실하게 공부했다. 이후 성서를 들추고 나의 생각을 점검해 보는 게 평생의 습관이 될 줄 몰랐다.

　나는 먼저 복음서를 다시 읽었다. 그 중 요한복음을 보니 부활한 예수의 마지막 당부가 바로 성령을 받으라는 것임을 새삼 확인하고 안도가 되었다. 그렇다. 예수가 성령을 받아 신의 아들이 되었다면 누구나 성령을 받으면 신의 아들이 될 수 있는 것이었다. 그러나 바울을 비롯한 사도들의 의견은 예수만이 신의 독생자라는 것이었다. 결국 예수만이 신의 독생자요 신 자체라는 것은 바울을 비롯한 사도들의 생각이었음을 알게 되었다. 나는 여전히 예수를 진정 사랑했다. 그리고 평생 예수를 사랑했다.

　신약성서를 혼자 무섭게 공부했다. 그리스 고전을 공부하듯이 나는 신약 성서를 공부했고 예수 탄생 이전 500년의 유대 역사를 공부했다. 기독교의 탄생은 페르시야 뿐만 아니라 그리스와 헬레니즘, 그리고 로마 문화가 융합된 고전 문명의 대종합이었다. 나는 플라톤의 이데아를 공부하고, 신플라톤학파의 대표인 플로티누스의 일자^者론을 공부해 보았다. 그리고 어거스틴의 교부철학을 공부하고 마지막으로 루터와 캘빈 등의 개혁 신학을 공부했다. 그 세계는 모두 이원론 철학과 신학이었다. 그리고 그 뿌리는 조로아스터교의 선악 이원론에 있었다.

그런데 성서를 공부해 보니 이원론인 듯 보이나 사실 성서의 세계는 일원론의 세계라는 것을 깨닫게 되었다. 이원론은 방편이라는 것이다. 그런데 주객이 전도되어 이원론이 기독교 사상으로 둔갑되어 그리스철학이 신학화되어 조직 신학으로 자리 잡고 있었다. 그런데 이것은 훗날의 고백이고 그때는 혼란과 혼동이 아직 정리되지 않아 정신의 고통으로 몸부림을 치는데 불과하였다. 이 부분은 내게 엄청 중요해 나중에 다시 쓰겠다.

5. 불경스런 생각

성서는 신의 작품이 아니라 인간이 쓴 것이고 사실 문학작품에 가깝다는 것을 알게 되었다. 성서에 모세오경과 역사서와 예언서, 시 등 문학이 있어 달라 보이나 인간이 쓴 것이기에 모두 문학작품임을 알게 되었다. 나는 그리스 고전을 공부하면서 이를 실감하게 되었다. 신이 있다하더라도 인간이 인식하는 신일 수밖에 없었다. 그 세계가 천국이든 미혹과 미망이든 그 세계에 갇혀 죽을 때까지 사는 게 인간이었다. 고대 문명권의 종합이 성서의 세계였다. 모든 문명과 종교는 상호 영향을 주고받으며, 성장 또는 소멸해 간다는 것을 알게 되었다.

성경공부를 하고 보니 유대인만이 순수하고 신성한 것이 아니었다. 나아가 유대인만이 신으로부터 오직 유일무이하게 받은 성스런 경전을 갖고 있는 것이 아니었다. 그것은 인간이 창조한 인간과 신의 사귐의 기록이었고 어느 문명권에도 그런 성경은 수두룩하였다. 누구에게는 그것이 신의 말로 들릴 수 있으나 성서를 공부하면 할수록 신이 존재한다는 그 전제가 의심스러워졌다. 그런 나의 생각은 너무나 무섭고 두려운 생각이었다.

누가 과연 신의 존재를 의문시하는가 말이다. 불경스럽고 위험천만한 생각이었다. 나는 신이 존재한다면 그 전제가 과연 합당한지 물어 보았다. 전통과 관습으로 고대 이래 신성한 이름으로 믿어 온 신을 의심하는 것은 고통스런 일이었다. 그러나 진실은 때로 추악하고 불쾌한 법이라는 것을 난 잘 알고 있었다. 전통과 관습, 관념과 신앙이 과연 근거가 있는가. 그것은 머릿속의 관념이요 우상일 뿐 아닌가. 진실과 진리는 우리가 수천 년간 진선미眞善美라 숭배해 온 그 세계, 즉 이데아에 있지 않고, 불쾌함과 추악함 속에, 이 대지의 더러운 구덩이 속에 더 생생히 살아 있음을 알게 되었다.

문학은 사실과 허구가 녹아 있는 가상의 세계이다. 그러므로 성서에 들어있는 이야기는 인간이 만들어낸 환상이요 허구의 세계이다. 그런데 그 속에는 신의 음성이 있고 신의 역사 개입이 있어 마치 신이 존재하고 역사를 섭리하는 것처럼 보인다. 그러나 그것은 인간의 이상이고 염원이자 구원의 호소일 뿐이다. 신성神性을 부여 받은 인간이 신성을 자각해, 그 신성에게 예배하는 것이지, 기독교의 초월적인 신이 인간 외에 별개로 존재하지 않는 것이라는 것을 알았다. 인간을 떠나 신이 저 우주에 초월로 존재하는 것이 아니다. 나는 인간 예수의 육화(인카네이션)의 신비를 알게 되었다. 인간 자신이 성전이지, 화려한 교회당이라는 건물이 성전이 아니었던 것이다.

문학엔 과장과 허구가 사실인양 잘 짜여 있어 그 가상의 세계가 실재인양 계시의 이름으로 성스럽게 자리 잡고 있다.

그러나 그것은 가상과 환상의 세계일뿐 아닌가. 인간의 몸이야말로 신이 머무는 성전 아닌가. 신이야말로 가장 고등하게 보이고 초월적인 우상이 아닌가. 이런 생각으로 나의 18살이 저물어 갔다.

6. 나는 삶의 전사이고 싶다.

　나는 슐포르타에서 횔더린과 바이런에 시에 열광했다. 또한 보나파르트 나폴레옹의 커리스마에 경의를 표했다. 눈부신 열정과 힘이 그들에게 있었기 때문이었다. 나는 그 힘을 동경하고 찬양했다. 왜냐하면 나는 너무 병약했기 때문이다. 그래서 내게 없는 힘을 가진 그들을 부러워하고 한발 더 나아가 숭배했다. 그들은 험난한 운명 속에서 운명에 순응하지 않고 자신의 운명을 개척해 나간 힘센 자, 즉 강자들이었다.

　내가 그들을 숭배한 것은 그들의 노예가 되었다는 것이 아니라, 그들을 딛고 나가기 위함이었다. 내가 읽고 대화한 위인들은 내가 밟고 넘어가야 할 계단이라고 생각했다. 나는 그들을 딛고 올라가야 한다. 나는 그때 편두통에 시달리고 자주 소화불량 증세가 악화되어 구토증에 시달렸다. 나는 몸이 아플 때마다 강한 자를 생각하며 나의 병약함과 싸웠다.

　나는 조울증인지에 시달렸다. 감정의 기복이 심해 어느 때는 너무 기쁘고, 어느 순간엔 너무 우울하고 불안스러워 했다. 내가 나를 잘 안다. 나는 자주 흥분 상태가 된다. 지금도 왜 이리 슬픈지 모르겠다. 울고 싶기도 하고 죽고 싶기도 하다. 나의 병약함에 나는 질 수 없다. 나는 결코 병에 지지 않을 것이다. 나는 싸우고 투쟁할 것이다. 이렇게 나는 생각했다.

나는 나의 연약한 생각과 싸울 것이다. 나는 삶이란 전쟁터의 전사이다. 몸은 비록 병들지언정 사유와 사상에서는 전사가 될 것이다. 나는 결코 지고 싶지 않다. 나를 얽어매는 모든 것에, 나는 싸울 것이다. 나는 독수리처럼 용맹하고 뱀처럼 영리하고 싶다. 이것이 19살의 고전 학교 시절의 나였다.

7. 제도 교회를 졸업하고 무교회가 되다

나는 20살에 리츨 교수의 안내로 '본' 대학에 입학했다. 나는 전공으로 고전 문헌학과 신학을 택했다. 신학을 택한 것은 어머니의 소망 때문이었다. 그러나 입학한 후 부활절날 가족과 신앙을 두고 다투었다. 그 후 나는 교회와 절연했다. 오해 말라. 교회에 나가지 않았다는 것이지 아직 기독교를 완전히 버리지는 않았다. 다만 제도 교회를 졸업했을 뿐이었다. 무교회 신자가 되었다. 최초의 무교회 신자가 누군가. 바로 나사렛 예수다. 예수는 나의 평생의 스승이었다.

어머님과 여동생의 기독교 신앙은 신에 대한 믿음으로 영혼의 평화와 행복, 그리고 내세의 천국을 얻는 것이었다. 나는 그들의 믿음을 존중해 주었다. 그러나 나는 그런 신앙을 이미 졸업했던 것이다. 근본주의적이고 문자주의적인 신앙에 질려 버렸던 것이다. 그렇다고 자유주의 신학을 따라 간 것도 아니다. 나는 이천년의 기독교 신학과 철학의 '신'(제1원리나 절대정신이나 물자체 등)을 우상으로 보았던 것이다.

나의 대학 생활은 별 재미가 없었다. 친구들과 동아리에 들어가 결투도 해보고, 술도 먹어 보았으나 별 재미가 없었다. 일상의 먹고 마시는 욕구에 나는 전혀 재미를 발견할 수 없었다. 나는 무언가에 몰입하고 싶었으나 그것을 찾지 못했다.

친구들과 어울려 놀기를 좋아하지 않는 나는 친구들 사이에서 자연히 인기가 별로 없었다. 나는 인기를 얻는 데에는 전혀 관심이 없었다. 다만 음악에서만은 친구들로부터 인정을 받고 있었다. 나는 음악에 미쳐 있었다. 나의 유일한 취미는 독서와 사색, 그리고 피아노 연주였다. 나는 친구들에게 조롱을 받기도 하고 또한 웃음을 주기도 하였다. 나의 '본' 대학에서의 몇 달은 그렇게 속절없이 흘러갔다.

그런데 리츨 교수가 1865년 가을 '본' 대학을 떠나 '라이프치히' 대학으로 갔다. 나 역시 그를 따라 그 대학으로 옮겼다. 이렇게 '본' 대학에서의 나의 생활은 끝났다.

8. 쇼펜하우어를 만나 빠져 들다

1865년 10월 말에 나는 고서점에서 책 한권을 우연히 집어 들었다. 그 책은 쇼펜하우어의 『의지와 표상으로서의 세계』였다. 그때 나는 어디선가 음성을 들었다. "니체야 이 책을 사 가지고 돌아가라." 그 소리가 신의 소리인지 악마의 소리인지 모르나 목차와 서문을 스치듯이 읽으며 나는 내 몸이 떨리며 진동하는 것을 느꼈다. 쿵쿵대는 가슴을 억누르고 책을 사서 바로 집으로 돌아왔다.

나는 그날 밤을 기억한다. 나는 밤새도록 쇼펜하우어의 책을 읽었고, 아예 며칠간 방에 처박혀 시간가는 줄 모르고 읽고 또 읽었다.

그 때 나는 세상과 나에 대한 절망감으로 방황하고 있었다. 나에겐 아무런 삶의 신조와 희망이 없었다. 그런 나에게 쇼펜하우어의 책은 절망에 빠져 있던 나에게 더욱 염세주의에 찌들게 했다. 나는 나와 같은 생각을 하고 있는 사람이 있다는 것에 놀랐고, 그토록 고통스런 글이 있다는 것에 놀랐다.

나에게 삶은 고통이고 지옥이었다. 온갖 병고에 시달렸기 때문이었다. 나는 쇼펜하우어의 책을 읽으며 나를 더 혐오했고 더 나아가 인간 모두에 대한 희망을 거두어 버렸다. 그런 시절에 고독한 노인의 쇼펜하우어를 만나게 된 것이다.

나는 책을 읽고 상상속의 쇼펜하우어에게 물었다.

"의지란 무엇인가요?"

"의지는 현상 너머에 시공을 초월해 존재하는 힘일세. 의지의 근원에는 욕망이 있지."

"그럼 칸트가 말한 '물자체'와 비슷한 것으로 현상계의 배후에 있는 힘이로군요."

쇼펜하우어는 자기를 알아주는 나를 흐뭇하게 쳐다보았다. 그의 말은 인간의 의지만 생각하지 말라는 말이었다. 자연계는 모두 의지가 있다는 것으로 들렸다.

"그럼 표상은 무엇인가요?"

"표상이란 인간이 오감으로 인식하는 세계일세. 눈에 보이는 현상계이지."

"그럼 세계는 나의 표상이란 무엇이요?"

"그건 존재하는 모든 것은 의식의 작용이라는 것일세."

쇼펜하우어는 의지가 객관화된 것이 표상, 즉 현상 또는 현실이라고 말했다. 결국 세계는 나의 표상이라는 말이었다. 또한 현상 너머에 시공을 초월하는 힘이 있는데 이것을 의지라고 하였다. 그 의지는 맹목적인 의지였던 것으로 인간의 무의식의 세계이다. 칸트가 말한 '물자체'가 바로 쇼펜하우어에게는 '의지'였던 것이다.

그런데 그 의지가 개체성을 가지고 나타나면 표상이 되는데, 표상이 서로 맹목적인 의지로 충돌하기에, 삶은 고통이고 여기서 벗어나는 길은 의지 자체를 날려 버리라는 것이다. 그럼 완전히 '무(無)'의 세계가 아닌가. 나는 쇼펜하우어의 철학이 불교나 힌두교의 '무(無)'사상이라는 것을 알게 되었다. 쇼펜하우어와 나와의 관계는 이후에 계속 말하겠다.

9. 염세주의로부터의 탈출기

쇼펜하우어는 나에게 '의지'야말로 만물의 제1원인이라는 것을 알게 해 주었다. 쇼펜하우어는 플라톤의 '이데아'도 날려 버렸고, 칸트의 '물자체'도 날려 버렸다. 이데아와 물자체는 역사적 기독교의 '신'(만물의 제1원인)이란 관념과 연결되어 있는데 이것을 한방에 날려 버렸다. 만일 신이 있다면 '의지' 자체야말로 '신'이라는 거 아닌가. 나는 그날 밤 너무 황홀한 깨달음에 머리가 맑아지며, 광명한 빛으로 자명하게 세상을 내려다 볼 수 있게 되었다.

나는 쇼펜하우어의 '의지'의 탯줄에 내가 생각한 '힘에의 의지'를 발전시켜 나갔다. 유럽 철학의 용어는 같은 말이라도 철학자마다 각각 사용하는 의미가 달랐다. 모두 말장난이고 용어의 창조는 저마다의 논리(개똥철학)에 지나지 않음을 알게 되었다. 나는 그 속사정을 알자 도발적으로 이천년의 철학사와 개념을 깡그리 무시하고, 내 맘대로 생각하고 사유하고 과감히 글을 썼다. 그런데 책을 펴낸 것은 한참 후의 일이고 나는 내 멋대로 사유하고 메모했을 뿐이다. 나는 철학을 체계적으로 공부한 적이 없다. 다만 그리스 고전을 공부했을 뿐이고, 그리스 철학과 신학이 융합되어 이원론적인 조직 신학으로 이천년간 내려 온 속사정을 알게 된 데 지나지 않았다.

나는 쇼펜하우어의 생生의 염세주의에 빠져 지내며, 그 우물에서 기어 나오는데 10년이 걸렸다. 나는 그와 함께 절망에서 허우적거렸고, 또한 그를 통해 절망에서 구원받았다. 그러나 쇼펜하우어와 달리 나는 나의 생生의 운명을 긍정하게 되었다. 그리고 초인(위버맨쉬)을 발견하게 되었다.

"당신은, 책에선 염세주의를 말하면서도, 인생에서는 생을 즐기고 계시는구려."

"난 사유에서는 고통과 절망을 노래하나, 내 삶의 마지막까지 기쁘게 살 것이네."

쇼펜하우어는 한 잔의 포도주를 즐기고 있었다. 그가 남긴 자살론을 읽고 나처럼 염세에 찌든 인간들이 자살하건만 그는 이에 대해 초연하기만 하였다. 인생은 모순투성이다. 인간은 역설과 함께 산다. 생은 알 수 없는 것 아닌가.

"사람의 생각은 매일 매일 바뀐다네. 삶만큼 소중한 게 없다네."

"지독한 염세야말로, 사실은 현세 긍정의 세계관이었군요."

쇼펜하우어는 마지막 한 잔을 비우며 빙긋이 미소 짓고 있었다.

쇼펜하우어는 욕망을 끊는 성자를 최고 수준의 인간으로 여기었지만, 나는 욕망을 능등적으로 성취하는 초인(위버맨쉬)을 가장 높은 인간으로 설정했다. 인간은 극복하고, 또 극복되어야 할 존재이다. 생의 허무와 절망, 열등감을 딛고, 자기를 극복해 나가야 하는 존재가 인간이라고 생각했다. 남을 이기는 것이 아니라, 자기를 이기는 것이야말로 인간이 나아가야 하는 지표가 아닌가. 주어진 삶속에서 운명을 개척하고 자기의 본질을 찾고 실현해 가야지, 헤겔이나 칸트가 말한 바의 '절대정신'이나 '물자체'를 이상으로 놓고 그것을 추구하는 존재가 인간이 아니라는 것을 알았다. 나는 망치를 들고 이천년의 이데아의 세계를 부수어 버렸다.

삶이 비록 고통이라 하더라도 운명을 사랑하고, 운명에 싸우는 것이 인간이라는 것을 알았다. 운명을 사랑한다는 것은 운명에 순종하는 것이 아니라 운명에 도전하라는 것이다. 그것은 저 고대 그리스세계의 영웅들의 이야기였다. 그 영웅들의 고난에 찬 삶, 동시에 자기를 극복해 나가는 위대한 도전정신이 내가 사모하는 초인(위버맨쉬)의 세계였다.

나는 라이프치히 대학에서 다시 한 번 고대 그리스에 심취했다. 나의 대학 생활은 그리스 고전의 공부, 쇼펜하우어와의 대화, 그리고 바그너 음악과의 대화가 주를 이루었다.

10. 테오그니스 논문으로 인정을 받다

나는 1866년 1월 18일 고전문헌학회에서 「테오그니스의 마지막 교정본」을 주제로 첫 강의를 했다. 그리고 다음 달에 강의 원고를 교정해 리츨 교수에게 제출했다. 며칠 후 리츨은 나를 불렀다.

"니체 군, 몇 살인가?"

"네 22살입니다."

리츨은 내 논문의 군데군데에 표시를 해 놓고 있었다.

"자네, 이 논문 얼마나 공부하고 쓴 것인가?"

"네, 이 논문은 슐포르타 학교의 졸업논문을 수정해 다시 보충한 것이니 3학기 정도 되었습니다."

"자네 논문은 방법이 탁월하고 조사가 치밀하다네. 난 3학기 만에 이런 논문을 쓴 학생을 여태 만난 본 적이 없다네."

나는 리츨의 말을 듣고 흥분했다. 스승으로부터 내 재능을 인정받았기 때문이었다.

"자네, 이 강의 원고를 소책자로 만들어 보게."

나는 리츨의 격려에 뛸 듯이 기뻤다. 그의 칭찬이 나를 문헌학자로 태어나게 했다.

테오그니스는 그리스 엘레게이아의 귀족시인이었다. 그는 귀족을 대표해 민중과 투쟁했고, 민중의 미움으로 엘레게이아에서 추방당한 실존인물이었다. 그의 시는 귀족으로서의 긍지에 가득 찼고, 민중을 증오하는 시가 대부분이었다. 테오그니스를 연구하면서 나는 귀족주의의 매력에 빠져 들었다. 귀족주의는 무지몽매한 천민이나 민중을 혐오한다.

천민은 고귀한 이상과 열정이 없이 그저 하루하루의 욕구를 추구하는 짐승의 무리이다. 이에 반해 귀족은 창조적인 활동을 할 수 있다. 나의 불행은 민중이 남긴 위대한 시를 발견하지 못했다는 것이다. 내가 만일 천민이나 민중들이 남긴 위대한 시를 발견해 공부했다면, 나는 귀족주의가 아니라 민중주의를 지지했을 것이다. 그러나 고대에 천민 시인은 없었다. 내가 배운 고전 문헌의 작가나 시인은 한결같이 귀족 출신들이었다. 나는 결국 고대 그리스 사상에서 민주주의를 발견하지 못하고 귀족주의를 발견하였던 것이다.

나는 범용한 인간보다 위대한 인간을 사모하였다. 나는 소시민으로 평범한 일상에 매몰되어 안일하게 사는 사람보다는, 자기의 한계를 극복하고자 자신의 운명과 싸우는 위대한 삶의 전사를 사모하였던 것이다. 그 사례가 예수요 카이사르요 나폴레옹이었던 것이다. 자기의 한계를 극복한 테무친, 즉 징기스칸을 사모했던 것이다. 나는 세상을 뒤집어 놓거나, 세상에 불을 지르러 온 영웅적인 인간을 초인으로 설정했던 것이다. 오늘날 허무주의가 만연한 이 시대에 허무에 굴복하지 말고, 초인이 될 목표를 꿈꾸라고 한 것이다.

나는 기존의 묵은 관념을 망치로 부수고, 세상에 불을 지르러 왔다.

11. 나는 나일뿐이다

나는 진보주의자도 아니고 민주주의자 또한 아니다. 엄밀히 말하면 나는 보수주의자에 가깝다. 그런데 사실을 고백하자면 나는 어떤 고정된 이데올르기를 따르질 않으니 진보도 아니고 보수도 아니다. 그냥 나는 나였다. 나는 나일뿐이다. 다만 쇼펜하우어처럼 나 역시 민중의 폭동을 위험하게 여긴다. 1848년의 독일 민주 혁명을 나는 불안스럽게 평가한다. 이게 나의 한계이다.

나는 리츨 교수의 인정으로 대학 3학년 때 출중한 문헌학자로 인정을 받았다. 그러나 나는 애초에 문헌학자가 되고자한 적이 없었다. 우연히 재밌게 슐포르타 학교에서 졸업논문을 썼을 뿐이었다.

우연의 산물이었다. 내겐 아무런 계획도 목적도 없었다. 뭔가 몰입해 재밌게 공부했을 뿐이었다. 나의 첫 출판물은 1867년 『라인문헌학지』에 실린 「테오그니스 단편집의 역사」였다. 그리고 라이프치히 대학 문헌학 논문 현상 공모에서 수상한 「디오게네스 라에르티오스」에 대한 논문이, 1868~69년에 4번에 걸쳐 실렸다. 나는 그 논문 1부의 표어에 "너 자신이 되어라!"라는 글을 썼다.

나 자신이 되고 싶은 것이 내 인생의 목표였다. 이를 위해 나는 나의 부족한 것을 극복하고자 했고, 날 가로막는 것을 초월하고자 했고, 나아가 새로운 나를 창조하고자 했다. 인간은 극복되어야 할 그 무엇이다. 나는 나의 병고에 무릎 꿇을 수 없었다. 나를 극복하는 것이 내 삶의 목표였다.

나는 나다. 이것이 내 삶의 모토였다. 이 말은 히브리인 모세가 가시떨기 나무에서 들은 신의 이름이었다. 나는 나다! 나는 스스로 있는 자이다!

12. 나는 바보, 여자 앞에서

나는 여자 앞에서 바보이다. 한마디로 소심하다. 나는 여자 앞에서 나를 표현하지 못한다. 여자들 틈에서 자랐는데 도대체 그 이유를 모르겠다. 대학생활 동안 여자와 낭만적인 연애를 한 번도 해 본 적이 없으니, 자연히 러브스토리 또한 하나도 없다. 정말 재미없었다. 대학생활이.

딱 한번 '라베라'라는 여배우를 보고, 그 자리에서 반해 연애편지를 보냈으나, 아무런 답장도 받지 못하고, 그냥 끝나고 말았을 뿐이다. 그게 나란 놈이다. 나는 여자를 어떻게 사귀는 법을 전혀 알지 못했다. 무능했다기 보다는 사실 여자에 관심이 별로 없었다. 그게 나란 인간이다.

나는 1년간의 군복무를 위해 잠시 학업을 중단했다. 나는 집으로 돌아가 나움부르크의 포병 부대로 출퇴근을 했다. 군대 생활은 그런대로 견딜만했다. 힘들 때마다 쇼펜하우어의 책을 읽으면서 견디었다. 그리고 3년 뒤 다시 보불전쟁에 참전했다. 그때 나는 말에서 떨어져 심하게 다쳤다. 결국 남은 군대 생활을 병가로 마쳤다. 나는 1868년 대학에 다시 복학해 마지막 학기를 시작했다.

13. 바그너를 만나다

내가 바그너의 음악을 처음 알게 된 것은 1867년 여름이 었다. 나는 여름에 피아노로 리하르트 바그너의 음악을 처음 연주해 보았다. 내가 연주한 곡은 "니벨룽겐의 반지"와 "발퀴 레"였다. 처음부터 바그너의 음악에 빠져든 것은 아니다.

내가 바그너의 음악에 빠져든 것은 바그너의 음악을 피아 노로 치다가 쇼펜하우어의 분위기를 알아채고서였다. 그 첫날 을 기억한다. 그 때는 1868년 10월 28일 이다. 나는 그날 바그너의 "트리스탄과 이졸데"와 "뉘른베르크의 마이스터징 거"의 전주곡을 들으면서 전기에 감전된 듯 한 반응이 울리 는 것을 느꼈다. 그의 음악에 나의 신경과 근육이 떨렸다. 그 것은 참으로 경이롭고 황홀한 체험이었다.

인생은 참으로 묘하고, 삶은 신비하기만 하다. 바그너 음악 을 들은 며칠 후에 바그너를 직접 만날 수 있게 되었으니. 바그너는 나보다 31살 연상의 아버지 같은 사람이었다. 그를 만난 게 기적인지 운명인지 모르겠다.

어느 날 리츨 교수의 사모가 나를 불렀다.

"니체 군이 바그너 음악을 좋아한다면서요? 만나보고 싶지 않으세요?"

"만나고 싶지요. 그런데 그렇게 훌륭한 분이 저 같은 학생을 만나줄까요?"

사모는 음악 애호가로 바그너의 팬인 듯 했다.

"니체 군, 바그너 선생이 나를 브로크하우스 집으로 초대했어요. 그날 같이 가요. 당신을 숭배하는 니체라는 학생이 있다고 하니, 그가 만나보고 싶다네요."

사모는 남편인 리츨 교수로부터 내까 바그너의 음악에 심취해 있다는 말을 들었는지, 나를 기억하고 불러준 것이었다. 초대 받은 그날은 11월 8일 이었다.

나는 바그너에게 잘 보이고 싶어 양복점에 찾아가 야회복을 맞추었다. 그러나 옷을 찾을 옷 값이 없었다. 나는 결국 낡은 양복을 입고 쏟아지는 비를 맞으며 뛰어 갔다.

그날 저녁 바그너는 "마이스터징거"의 중요 부분을 연주했다. 바그너와 나는 쇼펜하우어에 관해 이야기했다.

"니체군, 쇼펜하우어야말로 음악의 본질을 이해하는 철학자네."

바그너의 말은 나를 기쁘게 했다. 쇼펜하우어를 이해하는 음악가를 만나는 것은 얼마나 신기한 일인가.

"모든 예술 중에서 가장 위대한 것은 음악이라고 말했지요."

바그너는 내 말에 공감하는 듯 고개를 끄덕여 주었다.

"음악이야말로 세계 자체의 의지라 했지."

바그너는 나를 호기심 있게 바라보며 말했다. 내 심장은 쿵쾅거렸다. 쇼펜하우어를 잘 이해하는 바그너란 음악가가 그날 내 심장에 새겨졌다.

나는 대학 생활의 마지막에 바그너를 알게 되어 그에게 빠져들었다.

14. 학사 출신으로 교수가 되다

나는 쇼펜하우어의 '생의 의지'의 철학에 중독되었고, 바그너의 열정적이고 웅혼한 음악의 향기에 취해 버렸다. 그 세계는 주관적인 격정의 세계였다. 그러나 문헌학은 냉정하고 객관적인 실증의 세계였다. 실증의 세계는 창조력이 부족하다. 창조는 개성을 뽐내고 목숨을 거는 열정의 세계에 있다. 나는 그 두 세계의 심연을 바라보게 되었다.

1869년 리츨은 바젤대학의 고전문헌학 교수로 나를 추천했다. 그때 나는 학부 수료생으로 박사 학위도 없었다.

나는 고전문헌학의 세계에 쇼펜하우어 철학의 피를 흐르게 하고 싶었다. 이것이 내가 교수가 된 이유였다. 나는 쇼펜하우어의 검과 바그너의 방패와 나의 투구를 쓰고, 바젤 대학에서 학생을 가르치기로 했다. 그때 나의 나이 24살이었다.

인간은 고귀한 삶을 살아야 한다. 그러기 위해서는 '의지의 힘'을 가져야 하고 높은 영혼의 소유자여야 한다. 무익하고 나약한 인간을 동정하지 말라. 나약한 인간은 가난하거나 무식하거나 천한 인간을 말하는 것이 아니라, '힘에의 의지'가 없는 사람이다. 지위와 신분의 높고 낮음, 지식의 높고 낮음을 떠나 '힘에의 의지'가 없으면 그는 나약하고 무익한 인간이다. 무익한 인간을 동정하는 종교가 역사적 기독교이다. 이

부분은 나중에 계속 말하겠다.

역사적 기독교는 제도화된 기독교로 이천년간 인간으로 하여금 주인이 아니라, 노예로 살 것을 가르쳐 왔다. 예수가 가르친 것과는 반대의 길을 걸어 온 게 지금의 기독교이다. 역사적 기독교는 예수를 신격화해 우상으로 만들어 왔다. 우상으로 만들어 예수를 팔아 자신들의 배를 불려 왔다. 그들은 플라톤의 이원론과 이데아를 가져와 기독교 신학을 교리화하였다. 나는 예수와 역사적 기독교를 분리해 역사적 기독교의 죄악을 비판하는 것이다.

인간을 허무에 굴복시키고 '저 세상'으로 도피시켜, 그것을 '신의 구원'이라고 하는 게 어떻게 예수가 가르친 것이냐? 그것은 예수의 가르침이 아니라 바울과 사도들의 주장일 뿐이다. 바울과 사도들은 이원론에 빠져들어 거기서 헤어 나오지 못했다. 이방인과 이교도를 구원한다는 명목으로 헬라 세계의 이원론을 가져와 신과 예수의 가르침을 철학과 섞어 놓았던 것이다. 그러나 그들이 만든 신은 이미 죽었다. 이원론에 대해서는 다음에 말하겠다.

15. 신은 죽었다는 무서운 생각이 들었다

예수는 역사 현실의 고통을 감내한 위대한 인간이다. 그야말로 세 가지 시험을 이긴 초인이다. 그런데 아직도 그를 신의 아들이라 믿는 자가 있다. 그가 신의 아들로서 하늘의 보좌를 버리고 인간의 역사로 들어와 인간이 되었다(인카네이션)면, 그가 사랑한 것은 인간이고 인간이 사는 이 대지일 뿐이다. 신의 왕국은 이 세상에 이미 와 있다. 이것이 예수가 가르친 것이다. 비록 세상에 악과 고통이 있더라도. 그런데 이 세상을 버리고 저 세상을 위해 살라는 것은 도대체 무슨 말이냐? 저 세상을 중시한다는 역사적 기독교가 왜 현세의 부와 권력, 명예를 그리 탐하더냐. 예수의 가르침은 성령받아 누구든지 그리스도가 되라는 것 아닌가?

도덕은 인간이 만들어낸 산물이지 '세계의 본질'(칸트가 즐겨 말함)로서의 도덕은 없다. 그럼 신은 어떠한가? 신 역시 인간이 만든 가상의 존재이다. 그래서 문명마다 제 각각의 신이 존재하는 것이다. 설령 같은 유일신을 믿어도 각기 그 이름을 달리 부르는 것이다.

어느 민족이나 신을 섬겨 왔다. 신을 숭배하는 이유는 무엇인가? 그것은 자신들이 신의 후손이라는 긍지 때문이다. 신을 예배한다고 하나 실상은 자기민족을 자랑스러워하는 퍼포먼스의 쇼일 뿐이다. 어느 민족이나 선민의식이 없는 민족이 없다. 그 민족의 힘이 강하거나 덜하거나, 제국이 되었거나 멸망했거나, 차이가 있다면 그것일 뿐이다.

인간이 때로 선한 일을 하고 때로 악한 일을 하는 것처럼, 신 역시 때론 분노하고 질투하고 복수를 한다. 그것은 당연한 일이다. 그 신은 인간이 만든 신, 부족신이나 민족신이기 때문이다. 신은 변하기도 한다. 만일 한 민족이 적국의 포로가 되어 갇혀 산다면 생존해야 하기에 신은 비겁한 겁쟁이가 되어 "적을 사랑하라."고 말한다. 인간이 만들어 낸 신이기 때문이다. 구약의 예레미야는 바빌론에 포로가 되어 사는 유대인들에게 "바빌론에 저항하지 말고 거기서 결혼하고 애를 낳고 살아라."고 말하였다.

신도 진화하고 발전한다. 왜냐면 인간의 지성이 발전하기 때문이다. 이제 역사가 흐르면서 제국이 생겨나자 민족신의 옷을 갈아입고 제국의 신이 등장하게 된다. 이 신은 제국의 신이기에 세계 전체를 아우르는 우주적이고 역사적이고 초월적인 창조주이다. 이사야(40~55장의 제2 이사야)는 이런 신을 노래한다. 그의 신은 우주적인 신이다. 역사와 시대의 산물이 신에 대한 인식이다. 역사가 흐르면서 바울에 의해 보편성의 신을 믿게 되었다. 인간은 자기의 우물에 갇혀 하늘을 볼 뿐이다. 그 우물의 크기만큼 그의 하늘이 열린다.

유대교의 신이 유일신이 된 것은 아브라함 때부터가 아니라, 엘리야를 거쳐 이사야에 이르러서였다. 이사야의 유일신은 우주적인 신으로 평강과 환난을 아울러 주는 신이다. 성서의 유일신은 이토록 일원론의 체계이다. 악과 고통을 악신이나 사탄이 준 것이 아니라, 그것마저 창조주의 뜻이라는 것이다.(페르시야의. 이원론은 악과 고통은 사탄과 악한 신이 준 것이다. 세상은 선신과 악신의 투쟁처이다.) 욥기를 보라. 사탄마저 신의 피조물이다.

신이란 원래 민족의 강인한 힘과 의지를 추구하는 감정의 산물로 출발하여, 역사의 발전에 따라 강한 제국이 탄생하자 보편적이고 선한 신이 나오게 되었다. 우주적이고 보편적인 신이 나오자 그만 '힘이 무기력한 신'이 나오게 되었다.

세상의 낙오자를 위한 신을 '구세주'라고 부르고 있다. 인간이 저지른 죄가 있다면 자신이 해결해야지, 구세주를 믿음으로 죄사함을 받는다 하며 동일한 죄를 반복적으로 저지른다. 그것은 바울의 대속(代贖) 교리이지, 예수의 진정한 뜻은 아니다. 예수는 자기 십자가를 자기가 지라 했지, 십자가를 믿어 죄사함을 받으라 하지 않았다. 그건 예수의 말이 아니라 바울의 속죄 교리이다. 교리는 복음이 아니다.

세상은 고통이다. 악과 고통은 떠나지 않는다. 악의 실재 앞에 신은 무력하기만 하다. 그러므로 인간의 고통을 해결해 주는 신이 아니라, 너무나 무력해 인간과 함께 고통당하는 신이 나오게 되었다. 그런 신은 필연적으로 '선善하기만한 신'이다. 그러나 그것은 '죽은 신' 아닌가. 나는 그래서 "신은 죽었다!"고 외친 것이다. 인간이 만든 신이기에 그렇다.

지금까지 인간이 의존해 온 신은 죽었다. 그러므로 이제 너희가 초인이 되어야 한다. 인간은 극복되어야 할 그 무엇이기 때문이다.

16. 이원론의 출발과 우상의 황혼

신이 '힘에 대한 의지'를 상실하면 적극성이 사라지고 퇴행화 된다. 그런 데카당스(허무, 퇴폐, 부폐)의 신은 바로 약자들이 믿는 신이다. 그런데 약자들은 스스로를 약자라고 부르지 않고 '선량한 사람'이라고 부른다. 그리고 그들은 강자들을 강자라 부르지 않고 '악한 사람'이라고 부른다.

그럼 선한 신과 악한 신이라는 이원론적인 허구는 언제부터 생겼는가? 그것은 페르시야의 조로아스터교부터이다. 유일신(아후라마즈다) 아래 선신(슈판타 마이유)과 악신(앙그라 마이유=샤이탄=사탄)을 두어 그 두 세력의 갈등과 충돌로 세계를 설명하고자 한 것이 조로아스터교이다. 이렇게 되면 세상의 고통과 악은 악신이 벌인 짓이다. 결코 유일신의 잘못이 아니라는 것이다. 선신과 악신은 인류의 최후까지 싸우게 되고, 이것이 다니엘서를 걸쳐 요한계시록의 묵시문학에 영향을 주었던 것이다. 바로 최후의 심판이다.

유대인은 500년간 바빌론과 페르시야, 그리스의 영향으로 민족신을 버리고, 우주적이고 보편적인 신을 탄생시켰던 것이다. 그 신은 "나는 처음과 마지막이요. 나 외에 다른 신은 없노라."(이사야서) 라고 외친다. 단일신(나 외에 다른 신을 섬기지 말라.)은 다신을 전제로 하고 이제 역사는 발전해 유일신론을 만들게 되었다.

본래 신은 자기의 백성과 선택된 민족이 있었다. 역사가 흐르면서 신은 외국으로 나갔다. 신은 이제 모든 인간을 위한 신이 되어, 인간들이 자기들의 신이야말로 참된 신이라고 싸우고 있다.

오늘날 신은 너무 약해지고 창백해졌다. 그래서 철학자들이 그 신을 '이상'이라 하고, '순수정신'이라 하고, '절대정신'이라 하고, '물자체'라고 하였다. 그들은 너무나 약해 빠진 허구의 신에게 절대자라는 칭호를 붙여 주었다. 얼마나 바보같은 짓인가. 그만큼 교회, 즉 천년묵은 용은 무서운 존재였던 것이다.

기독교의 '신'이후 이천년간 인간은 자신의 신을 창조하지 못했다. 이천년간 새로운 신이 탄생하지 않았기에 기독교라는 일신교의 따분하고 불쌍한 신이 아직도 존재하고 있다. 우상이란 무엇인가? 우상은 사람들이 '이상'으로 여기는 것 아닌가. '신'이야 말로 가장 고등한 우상이다. 그러나 우상은 가상의 세계로 허구의 세계일뿐이다.

17. 바그너의 음악

나는 24살에 바젤대학의 고전문헌학 교수가 되었다. 나는 학생을 가르치는데 소질이 있음을 알았다. 나는 대학에서 가르치는 동시에 대학 부속 고교(김나지움)에서 그리스어를 가르쳤다. 나는 나이가 들어 보이게 콧수염을 길렀다.

나는 루체렌 호숫가의 트립셴에 있는 바그너의 집에 자주 갔다. 1869년 5월 18일 이후부터 바그너의 집을 3년간 23번 방문했다. 바그너는 나를 아들처럼 대해 주었다. 바그너는 나를 위해 나만의 방을 만들어 주었을 정도로 나를 아껴 주었다.

바그너는 당시 절정의 기량을 뽐내고 있었고 그가 내뿜는 카리스마 역시 전성기를 달리고 있었다. 나는 바그너의 인간적인 매력과 그의 음악에 빠져 들었다. 바그너가 좋아하는 쇼펜하우어를 나 역시 좋아하기에 우리들의 영혼은 서로 통하는 사이였다.

바그너의 음악에 자리한 근본에는 거대한 욕구가 있는데 그것은 힘에의 의지였다. 자기를 살아 있게 하는 동시에 타인을 지배하고자 하는 욕구가 바로 힘에의 의지였는데 나는 이 것을 바그너와 그의 음악에서 발견했던 것이다.

나에게 쇼펜하우어가 상상의 인물이라면 바그너는 살아 있고 생생한 쇼펜하우어 그 자체였다. 바그너는 젊어서 바쿠닌의 급진사상을 받아들여 모든 것을 파괴하고 새것을 창조하고 싶은 광포한 열망을 품게 되었다. 그것은 무의식에 자리 잡고 있는 어떤 힘이자 열정이었다. 나의 책 『차라투스트라는 이렇게 말하였다』의 원형은 바로 바그너였다. 바그너의 음악은 쉴 새 없이 격렬하고 가차 없이 절정을 향해 질주한다. 그것은 역동적이고 생명력 있는 힘에의 의지를 잘 보여주고 있다.

2부

교수생활

1. 디오니소스는 누구인가

　전쟁이야말로 삶이 고통이라는 것을 보여주는 증거이다. 세계의 본질은 갈등과 전쟁이다. 이것이 인간세계의 운명이다. 나는 보불전쟁이 터지자 교수직을 휴직하고 위생병으로 근무했다. 나는 위대한 독일 정신이 무엇인지를 보여 주고 싶었기 때문이다. 나는 겉으로는 병약하나 내면은 호전적이고 공격적이다. 나는 전사이고 야수이다. 세상은 전쟁터이기에 삶의 전사로서 살아야 한다.

　예술은 무엇인가? 아폴론적인 것과 디오니소스적인 것의 결합이다. 아폴론은 형식과 질서를 주고, 디오니소스는 창조를 향한 충동을 준다. 이 두 개의 충동에 의해 비극이 탄생한다. 그리스 비극은 디오니소스 축제에서 시작되었다.

　디오니소스는 제우스와 페르세포네 사이에서 태어났다. 그러나 제우스의 아내인 헤라의 사주를 받은 티탄들에 의해 신체가 8조각으로 갈가리 찢겨 죽었다. 그러나 심장만은 남아 있었다. 심장이 남아 있어 다시 태어나게 되었다. 이렇게 죽었다가 다시 소생하는 디오니소스는 봄에 다시 만물이 소생한다는 믿음을 반영하고 있다. 디오니소스는 풍요를 관장하는 신이기에 농부들의 사랑을 받았다.

　디오니소스 축제는 포도주를 마시는 축제로 도취와 환각,

황홀경의 세계로 사람들을 인도해 카타르시스를 선사해 주었다. 찢김과 다시 태어남, 파괴와 재생의 이미지는 디오니소스가 담고 있는 상징이다. 봄이 매년 돌아와 생명을 피우듯이 영원히 돌아오는 생의 긍정이 디오니소스이다.

나는 디오니소스를 통해 신이 죽은 시대에 그 허무를 극복하고 생을 긍정하게 되고 고통 속에서도 내 운명을 사랑하게 되었다. 대지에 뿌리를 박고 운명에 맞서기로 하고 저 피안의 세계, 즉 내세의 세계로 도피하고 싶지 않았다.

나를 오해하는 사람들은 내가 진리 자체를 비판했다고 말하는데 그것은 아니다. 나는 특정한 진리라고 수천 년 간 내려온 것에 망치를 대고 두드려 본 것일 뿐이다. 나야말로 불변의 진리가 있는가를 탐구하고자 이 시대의 주류라고 하는 진리를 한번 의심해 본데 불과하다. 불변의 진리는 없다. 역사의 산물일 뿐이고 진리라는 선언일 뿐 그 증거는 없다.

마르크스는 자신의 주장이 과학적이라고 우기나 전혀 아니다. 그것은 단지 묵시론적인 종말이 온다는 한편의 예언시에 불과하다. 그가 인용한 사례는 1차적 사료가 없고 2차적 사료는 진위가 불분명할뿐더러 자료를 유리한 것만 선택적으로 짜깁기했음을 경제학자들은 다 알고 있다. 그것은 과학성이 없이 현학적이고 철학적인 용어를 남발하는 엉터리 헤겔 철학의 아류이다. 그의 직선적인 역사관은 기독교의 역사관에서 유래하는데 기독교 역사관의 뿌리인 요한계시록은 허구의 문학, 즉 판타지일 뿐이다. 모두 상징과 비유로 최후의 전쟁, 최후의 심판을 노래한 것이다. 종말은 없다. 개인의 죽음이 종말일 뿐이다. 고난의 때에 참고 견디라는 것이지, 거기서 역사관을 찾는 것은 설탕에서 소금을 찾았다고 우기는 꼴이다. 인간이 만든 모든 이념, 즉 자유주의, 사회주의, 자본주의, 진보주의 등은 진리가 결코 아니다. 삶을 위해 이념이 있을 뿐이지, 이념을 위해 삶이 있는 게 아니다. 모든 이상주의는 미망迷妄이다. 종교야말로 이상주의이다. 그것은 달콤한 미혹의 세계이다. 그러나 진정한 종교는 피안으로 도망가지 않고, 이 삶에서 어떻게 살 것인가를 보여 주어야 한다.

디오니소스는 삶의 주인이다. 디오니소스처럼 너 역시 삶의 주인이 되어야 한다. 너는 네 미덕의 주인이다. 이천년간 지속되고 강제되어 온 미덕에 끌려 다니는 노예가 아니라, 이제 새로운 미덕을 네 뜻대로 부리고 거두는 미덕의 주인이 되어야 한다.

2. 선과 악

　도덕이란 무엇인가. 우리는 도덕 판단을 통해 시대의 질병이 무엇인지를 알 수 있다. 그리고 도덕 판단을 해 보면 어떤 곳에서의 도덕이 다른 곳에서는 비도덕이 된다는 것을 알수 있다. 영원한 본질로서의 지위를 누려 온 도덕이 요즘 시대에는 인간의 생명력을 압살하는데 악영향을 끼치고 있다. 인간의 생명력은 창조성과 야수성에 있는데 이를 잃게 하고는 오히려 개선시켰다고 우긴다. 이런 주장을 하는 나는 외롭고 고독하다.

　예술이란 무엇인가. 예술을 위한 예술 자체는 없다. 예술은 삶을 고양시키는 것이고 삶에의 의지를 보여 주는 것이다. 예술은 삶의 위대한 자극제이기에 예술이란 결국 삶의 문제를 보여주는 것이다.

　비극이란 거대한 운명 앞에 용감히 맞서는 것이다. 강력한 빌런 앞에 공포를 무릅쓰고 고통과 싸우는 이야기가 비극이다. 즉 운명에 맞서는 이야기이다. 지금의 인간들은 나약하고 노예와 같다. 기존 체제에 순종적이고 온순한 사람들을 도덕자라고 한다. 나는 이에 반기를 든다. 그런 자들은 주인이 아니라 노예이고 주인의 도덕이 아니라 노예의 도덕을 가진 자들이다. 르네상스 시대가 힘이 충만한 시대였다면 지금의 시대는 소심하고 약해 빠진 시대이다. 나를 죽이지 못하는 것은 나를 더 강하게 만드는 것이다. 독을 소화시키면 보약이 된다. 논쟁으로 상처 받는 것을 두려워 말라. 상처에 의해 정신은 성장하고 새로운 힘이 솟고 정신의 각성이 일어난다.

나는 『도덕의 계보』라는 책을 20일간 썼다. 아무런 참고 서적 없이 영감에 사로잡혀 썼다. 글을 쓸 때 번개가 정수리에 내리 꽂혔다. 그래서 감전되어 전류가 흐르듯이 미친 듯이 썼다. 글을 완성한 후 방전되듯 깊은 잠에 빠졌다. 기독교는 약자들의 원한 감정(르상티망)의 소산이다. '좋음'과 '나쁨'은 귀족들이 사용하는 말이다. 강하고 고귀한 자들은 자기를 긍정해 '좋다good'라고 말하고, 반면 천민과 평민들은 자기들과 다르기에 '나쁘다bad'고 말한다. 선과 악은 피지배자인 노예가 사용하는 말이다. 원한 감정의 노예들은 강자를 '악evil'이라 하고, 반면에 자신들을 '선goodness'이라고 말한다. 노예들의 도덕이 선과 악의 도덕이다. 창세기 3장 인류의 타락은 인간의 타락을 설명해 주는 방식이자 결과일 뿐이다.

히브리(유대) 백성들은 이집트의 노예생활(4백년), 바빌론의 포로생활(70년), 페르시아를 거쳐 그리스와 로마의 식민지 노예의 생활(5백년)을 거의 1천년 동안 하면서 노예의 도덕을 만들어 냈다. 노예는 앞서 말한 대로 강대한 적을 '악'이라 하며, 저항하지 않고 정신승리만 일삼는 자이다. 그런 종교는 약자들의 굴종의 종교이다. 그들은 암담한 현실에서 도피해 그만 내세로 도망을 간다. 그리고는 악한 자는 지옥에 가고, 선한 자는 천국에 간다고 한다. 내세 지향적인 종교는 현세의 악한 자가 가장 좋아하는 종교이다. 그들은 도대체 악과 고통에 저항할 줄 모르기 때문이다. 세상을 이원론으로 나누고 저 형이상학의 세계를 참다운 실재, 세계의 본질, 이데아, 신의 나라라고 추켜세우고 현실의 불의와 악으로부터 도피해 버린다. 현실은 변화무쌍하고 그림자이고 육체적인 것으로 헛되다고 여긴다. 그러나 이런 이원론은 자유정신과 저항정신을 압살하고자 하는 지배계급, 즉 주인의 도덕일 뿐이다. 약자들이 노예의 도덕을 따를 필요는 없다.

약자를 불쌍히 여기는 것을 비판하는 것이 아니다. 약자는 당연히 보호받아야 하고 구제해 주어야 한다. 그러나 그게 전부는 아니다. 약자를 동정과 연민으로 대해주면 영원히 사회는 바뀌지 않는다. 그것은 허무주의로 가는 길이다. 그러므로 동정과 연민에 가득찬 약자가 승리하고, 힘에의 의지가 충만하고 강한 자가 소멸해 간다는 생각은 문명의 쇠락이고 종말이다.

3. 형이상학적 이분법의 한계를 넘자

형이상학은 세계를 '존재'와 '생성'의 이분법으로 구분하고 전자를 후자보다 우위에 두는 세계관이다. 다음과 같이 정리할 수 있다. (표1)

존재	생성
근원계(본질)	파생계(운동, 변화)
참된 세계	가상 세계
있어야 하는 세계	없어도 되는 세계
epistme	doxa
이데아의 세계	현상의 세계, 이데아의 모사
고상하고 선한 세계	선과 악이 뒤섞인 세계

이런 형이상학은 인간과 세계를 이원론에 입각해 생각하는데 이것이 2천년 동안 지배해 왔다. 과연 이것이 진리일까? 이원론은 진리 자체가 아니라 인간과 세계에 대한 인간의 탐구이고 선언일 뿐이다. 해석일 뿐이다. 이것이 과학적으로 진리라는 증거는 하나도 없다. 이원론적인 틀은 세계를 명쾌하게 설명해 주는 도구나 저급한 수준에 불과할 뿐이다. 이것은 인간과 세계의 일부를 설명해 줄 수 있을 뿐 전체를 그

틀 속에 다 담을 수는 없다. 이원론은 생명을 부정한다. 이원론은 끊임없는 대립과 갈등, 충돌과 전쟁으로 점철된다. 이를 극복할 수 없다. 그럼 무엇이 있는가?

이원론을 인정하면서도 일원론으로 통합해야 이 세계와 인간을 담을 수 있다. 일원론은 자세히 살펴보면 다원론이고, 다원론 역시 먼 곳에서 내려다보면 일원론이다. 일즉다요 다즉일이다. 세계의 중심과 통합은 존재하며 누구나 어디서나 중심이다. 우주와 인간 세계가 균형과 질서를 유지함은 여기서 말미암는다. 대립과 갈등이 존재하고 선과 악이 존재하나 우주와 자연, 인간과 세계는 순리대로 돌아간다.

이 세계를 움직이는 것은 무엇인가? 그것은 '힘에의 의지'이다. 세계 자체가 '힘에의 의지'이다. 인간 역시 '힘에의 의지'다. 다른 것이 결코 아니다. 만일 신이 있다면 그 역시 '힘에의 의지'이지 다른 것이 아니다. 힘은 상승하는 생명력이기에 인간에게는 삶에의 의지를 준다. 이는 선천적인 것으로 인간은 자기의 개성을 표현하고, 지배하려 하는 생명에의 의지가 있다. 이는 때론 욕망을 추구하기도 하고, 보다 더 높은 고상한 욕망을 목표로 하기에 자기의 저급한 욕망을 극복하기도 한다. 이것이 자기를 극복하는 과정이다.

생명에의 의지가 있는 곳에는 힘에의 의지가 활동하게 마련이다. 인간은 끊임없이 자신을 극복해 나가는 존재이다. 인간은 처음에는 낙타처럼 무거운 짐을 지고 사막을 건너야 한다. 그러나 그것은 사자가 되기 전의 일이지 영원히 노예가 되어서는 안 된다. 낙타의 무리에서 나와 주인의 삶을 살아야 한다. 자기 삶의 주인이 되고 세계의 주인으로 살아야 한다. 자유정신을 가져야 한다. 역사는 자유와 정의의 세계로 진행될 것이다. 의무감으로 억지로 하고자 하는 사랑이 낙타라면, 사자는 원수까지도 사랑하는 자비의 정신이 터져 나온다. 이는 이원론에서는 불가능하고 일원론에서만 가능하다. 미술과 음악이 예술이 아니라 삶이야말로 진정한 예술이다. 너희는 삶의 예술가가 되어야 한다.

4. 위버맨쉬 예수

　나와 너 모두 힘에의 의지가 있다. 우리는 씨줄과 날줄로 서로 얽혀 이 세계를 구성하고 있다. 모두 중요하고 모두 중심이다. 우리는 서로 선의의 경쟁을 통해 서로 발전한다. 라이벌이야말로 나를 성장시키는 최고의 에너지이다. 적이야말로 나의 벗이다. 적의 성공이 나의 성공이다. 그러므로 경쟁해서 이기고 싶은 증오할 만한 적을 갖되, 경멸스런 적을 가져선 안 된다.

　선악을 구분하지 말라. 영원한 선도 없고 영원한 악도 없다. 다 상대적이다. 내가 선이라 생각해도 남이 보기에 악일 수 있고 그 반대 역시 성립한다. 인간은 서로 교제하면서 서로 영향을 미친다. 그러니 상대를 존중하고 선의의 경쟁을 통해 창조적 힘이 분출한다. 나를 계발시켜주는 친구나 스승을 만나는 것은 생의 축복이다. 인간은 뛰어난 사람에게 인정을 받고 싶지, 그렇지 않은 사람의 인정은 사실 별로 쓸모없다.

　이 세상에 있는 모든 것은 다 제 각각의 쓸모가 있다. 있는 것은 아무것도 버릴게 없으며, 없어도 좋은 것이란 없다. 그러니 삶이 괴롭더라도 노예로 살지 말고, 주인으로 살아야 한다.

　인간은 영원히 산다. 그러므로 매일 자기를 극복해 초인(위버맨쉬)이 되면 영원히 초인으로 살게 된다. 그렇지 못하면 짐승으로 계속 영원히 살아야 하므로 이는 저주가 아닌가. 매 순간 초인(위버맨쉬)으로 살아야 한다. 인간은 극복되어야 할 그 무엇이다.

나는 병약하다. 그건 나의 운명이다. 나는 내 운명을 사랑한다. 그러므로 피할 수 없다면 즐겨야 한다. 나는 운명에 저항하며 나를 극복하려고 한다. 어느 때는 이기고, 어느 때는 진다. 나는 광기에 사로 잡혀 미친 사람처럼 보이기도 하는지 점점 내가 과대망상에 사로잡혀 있다고도 말하는 소리를 들었다. 그럴 수 있겠다.

역사상 예수야말로 유일하게 위버맨쉬가 된 인물이다. 그는 성령을 받은 후 마귀로부터 세 가지의 시험을 받았으나 모두 이겨 냈으니 위버멘쉬의 전형으로 손색이 없다. 그는 신적인 능력을 내세우지 않고 인간으로서의 길을 걸었다. 신과 같은 기적, 권세, 영광이 이 세상에 없다는 것을 알았던 것이다. 삶이 고통이라는 것을 가장 잘 안 인간은 예수였다. 마귀의 세가지 시험은 신이 되라는 것이었고 예수는 사람의 아들을 선택했다.

5. 우상의 황혼

우상이란 무엇인가? 앞서 말했듯이 사람들이 '이상'이라고 여기는 것이다. '이상(이데아)'은 2천년간 유럽인들이 받들어 왔던 영원한 우상이다.

이집트 철학자들과 소크라테스의 영혼불멸 사상은 영원의 관점에서 현실을 탈역사화한다. 그 결과 이 세상의 삶보다는 영생, 영원을 더 중시해 2천 년간 철학자들로 하여금 '이상(이데아)'의 개념을 우상으로 숭배하게 했다.

소크라테스는 독배를 먹고 죽었으니 삶을 비방하고 죽음을 찬미한 자이다. 그는 데카당스(허무, 퇴폐)의 원조이다. 그가 전개한 논리적인 대화(대화법, 변증법)는 하층민이 지배층을 논리로 격파하는 수단으로 이를 통해 민주주의를 하려 하였으나 결국 중우 정치로 변질해 버렸다.

소크라테스를 거쳐 플라톤에 와서 '이상'의 개념에 영원성을 부여해 주었다. 플라톤은 '생성'이 아니라 '존재'를 우월한 것으로 여긴다. 그러나 이데아가 먼저 있는 게 아니다. 사실 이데아란 없다. 만일 이데아의 세계가 있다면 이 생성의 세계에서 개념으로 만든 가상의 세계가 그것일 것이다. 진리라는 개념, 선과 아름다움이라는 개념은 실체가 아니라, 머릿속의 개념에 지나지 않는다.

지금까지 인류는 존재하지도 않는 것을 가지고, 존재하는 양 설정해 놓고 '존재'의 철학을 해 왔다. 나는 이제 그 허구의 세계에 망치를 대고 두드려 본다. 이제 '존재'의 철학을 하지 말고, '생성'의 철학을 해야 한다.

6. 신의 탄생

철학자(신학자)들이 탐구하는 것은 존재의 제1원인이 무엇인지를 탐구하는 것이다. 그 결과 '제1원인'을 '신^神'이라고 말하였다. 그러나 너희들은 틀렸다. '신'은 원인이 아니라 결과이기 때문이다. '신'이 있어서 이 세상의 '생성'이 존재하는 것이 아니라, 이 세상의 '생성'의 존재를 설명하는 수단이나 방편으로서 '신'이라는 '제1원인'을 개념으로 만들었을 뿐이다. 너희는 원인과 결과를 거꾸로 설계했다. 선악과를 따 먹어 인류가 타락한 것이 아니라, 인류의 타락을 설명하는 방편으로 선악과 이야기가 만들어진 것이다.

그렇다. 신이 인간을 창조한 것이 아니라, 인간과 세계가 왜 그리고 어떻게 탄생한 것일까를 생각하는 인간이, 사유의 마지막 단계에서 신을 창조한 것이다. 그러므로 이 세상에서의 삶이 중요하지, 있지도 않은 가상의 세계나 신의 세계가 중요한 게 아니다. 천국이 중요하다면 죽어서 가는 천국이 아니라, 먼저 이 삶속에서 천국을 누리고 살아야 한다. 이것이 예수의 복음이다. 나는 신을 부정하는 게 아니다. 다만 이천년간 믿어온 이원론적인 신을 부정하고, 새로운 신(신성)을 만나야 한다는 것이다. 세상에 악과 부조리가 수천년동안 지속되어도 이에 대한 속 시원한 해답을 신은 설명해 주고 있지 못하다. 전지전능하며 선한 신이 창조한 이 세상에 왜 악과 고통, 부조리가 만연해 있는가가 신정론이다. 그런데 신정론神正論의 결론은 알 수 없다 이다. 그것은 인간의 영원한 수수께끼이기 때문이다.

만일 신이 존재한다면 그는 죽어도 다시 부활할 것이다. 신은 영원하기 때문이다. 그러나 인간이 죽으면 신 역시 죽음을 맞이한다. 인간을 떠나 초월적인 신이 저 우주 밖에 존재하는 게 아니다. 스피노자가 말했듯이 인간의 인식 밖에 신 홀로 존재할 수는 없다.

예배란 인간에게 부여된 신성을 깨달아 신의 아들로 살라는 것이다. 깨달아 거듭나는 것이 신의 아들이 되는 길이다. 누구나 신성을 각성하면 신의 아들이다. 성령의 기름부음을 받으라. 그럼 그리스도이다. 이사야서의 고레스를 보라. 그는 이교도임에도 기름부음을 받았다. 누구든 기름부음을 받을 수 있다. 그 모범이 예수이다. 예수는 그것을 보여 주고 갔다.

그러나 예수 이후 역사적 기독교는 예수만 신의 유일한 독생자라 하고, 그를 믿음으로 구원받는다고 한다. 그런 믿음은 맹신으로 귀결된다. 깨달아 거듭나 성령을 받지 못하니 영원히 자유인으로 살지 못하고 노예의 도덕으로 살 뿐이다. 역사적 기독교는 예수라는 신을 만들고 이를 우상으로 섬기고 있다. 이는 예수의 뜻을 사실 배반한 배도의 길이다. 예수를 팔기에 바쁘다. 요즘 교회는 돈과 권력을 우상으로 섬기고 있다. 그것은 역사적 기독교가 이천년간 밟아 온 길 아닌가.

기독교의 절대적인 '신'이라는 관념은 그리스 철학에 기반한다. 이데아의 세계가 진정한 세계라는 것이 플라톤의 주장인데 지금 세상에서 허구라는 것이 드러났다. 이제 신에 의존해 왔던 세계관이 부수어져 사람들은 정신의 황폐와 허무에 굴복하고 있다. 결국 가치관이 붕괴된 무신론의 시대에, 사람들은 돈과 음란앞에 중독되어 헤어나올 수 없다.

이 정신의 허무속에 다시 일어서 새로운 집을 지어야 한다. 우상의 황혼이 왔으니 이제 새 아침을 열어야 한다. 신은 죽었으니 이제 새로운 신을 만들어야 한다. 아니, 신이 없는 시대에 인간이 인간답게 살아야 한다. 신이 없더라도 절망과 허무에 굴복하지 말고, 인간답게 살자는 것이다. 초인은 위대한 인물이 아니라 도전하는 자가 초인이다. 고통과 악에 순응하지 않고 그것을 부수려고 견디고 노력하고 성취하려는 자이다. 누구나 초인이 될 수 있다. 자유와 정의를 위해 투쟁하라.

정오는 그림자가 가장 짧은 시간이다. 정오에 출발해야 한다. 고통과 혼란의 이 세계에서 진정한 존재가 무엇인지를 찾아야 한다. 도덕은 처음부터 존재했던 게 아니라, 인간의 역사에서 출현해 바뀌고 변화되거나 시대에 맞지 않으면 사멸해 가는 것이다. 그리고 새로운 도덕과 신이 출현하는 것이다. 이제 그 때가 되었다고 나는 말한다.

7. 고통에는 답이 없다

고통(악)의 원인이 무엇일까? 인류는 고통에 대해 고금에 걸쳐 고민해 왔다. 그래서 신정론이 나왔다. 고통이 왜 인간 세상에 존재하는가에 대해서 정리하면 다음과 같다. 우선 고통은 죄에 대한 신의 징벌이라는 생각이다. 이것은 구약의 예언서에 무수히 나온다. 죄를 회개하면 고통이 사라진다는 것이다. 반면 고통은 악하고 불의한 자, 즉 부자들에 의해 가난한 자에게 자행된다는 견해도 있다. 아모스, 이사야, 예레미야 등의 예언자들은 가난한 자들이 당하는 고통은 그들의 죄 때문이 아니라, 부자와 지배자들에 의해 고통을 당한다고 해석하였다. 즉 사악하고 나쁜 사람들 때문에 고통이 온다는 것이다.

그런데 바울은 고통에는 구원론적인 의미가 있다고 보았다. 바울은 고통은 공중권세를 잡은 하느님의 대적(사탄)에 의해 초래된 것으로 보았다. 인간의 죄 때문이 아니라 오히려 잘 믿기에 공중 권세자인 사탄에 의해 고통이 온다는 것이다. 이와 같은 바울의 의견은 종말론적인 배경에서 나온 것이다. 그 이전의 구약(전도서)에는 고통에 대해 묻는 것은 부질없는 것으로 여겼다. 즉 고통은 설명하기 불가능하기에 살아있을 때 먹고 마시고 즐거워하는 것이 최선이라는 것이다. 이처럼 각양각색의 의견이 성서에 나와 있어 한마디로 단정할 순 없다.

문제는 이것이다. 인간이 지은 죄가 없는데도 비극적인 천재지변(지진, 가뭄 등)이 발생하는데 그와 같은 고통이 신의 뜻에 의해 주어진 것이라면 비난은 신이 받아야 한다. 인간이 무슨 죄가 있단 말인가. 욥기의 욥의 고백을 보라. 고통에는 답이 없다. 신 역시 말하지 않는다. 그러므로 왜 인간이 고통을 받는지 알 수 없는 것이다. 그 결과 신정론에는 답이 없다는 것이다. 신은 전능한 존재라기보다는 인간과 함께 아파하는 존재일 뿐이다.

근대의 '라이프니츠'는 세계는 '최선의 상태'로 지어졌고 인간은 자유의지로 이 상태를 유지할 수 있다고 보았다. 그러나 이는 폭군이 자유의지를 잘못 사용해 이 세상에 고통이 왔다는 것을 일부 설명해 줄 수 있으나, 천재지변으로 인한 고통은 설명해 줄 수 없다. 볼테르는 『깡디드』에서 고통은 이유가 없고 의미 또한 없다고 보았다. 전능한 신이 없다는 것은 전쟁, 지진, 가뭄 등의 고통이 끝이 없고 선한 자에게도 억울한 고통이 여지없이 적용된다는 사실에 있다. 결국 악과 고통이 계속되는 한 무신론자는 늘어날 것이다.

8. 고통에 대한 해석의 역사

옛날 사람들에게 신의 존재는 너무나 당연했다. 신의 존재는 의심할 수 없는 것이고 문제는 이 세상에서 신의 뜻을 어떻게 알고 그것을 실천하느냐에 달려 있었다. 신의 뜻이 무엇인지를 물었던 것이다. 이 세상의 고통 역시 마찬가지이다. 고통 역시 신이 준 것으로 여겼다. 신에게 죄를 지어서 고통이 왔다는 것이다. 율법을 지키면 복을 받고 어기면 벌을 받는다. 이것이 신명기의 역사관이다. 구약의 대부분은 이것으로 점철되어 있고 신의 계명을 어기자 이스라엘은 남북 모두 멸망해 버렸다고 해석했던 것이다.

그러다가 기원전 2세기부터 다른 견해가 나타났다. 신을 잘 믿어도 고통이 온다는 것을 어찌 설명할 것인가. 즉 이전과는 달리 오히려 신을 잘 믿어서 고통이 온다는 견해가 나타났다. 바로 고통은 공중권세를 잡은 신의 대적(사탄)에 의해 초래된 것이라는 견해이다. 선과 악의 대결이고 최후의 심판이다. 바로 종말론이다. 종말의 때에 의인은 악과 싸우고 악으로부터 고통을 받는다. 악과 투쟁하는 곳에 핍박과 고통이 있다. 기원전 167~164년이 유대인은 에피파네스(시리아 왕)의 박해를 받았다. 유대교의 율법을 고수하는 그들에게 헬라화 정책을 추진하던 시리아 황제가 고통을 가했던 것이다.

이처럼 인간이 고통과 악을 해석해 가면서 여러 견해가 생긴 것이지, 신의 말씀이 하늘에서 떨어진 고정불변의 것이 아니라는 것이다. 그것은 맹신이고 무지이다. 기록자가 자기의 말을 권위 있게 하고자 신의 말을 빌린 것일 뿐이다. 모든 것은 해석의 역사이고 창조의 역사이다. 다닐엘서의 후반부와 신약성서(대표가 요한계시록)는 모두 종말론을 배경으로 한 것이다. 그러나 과연 종말이 왔는가. 오지 않았다. 예수의 재림은 없다. 옛사람에서 새사람으로 거듭남이 예수의 재림이다.(에베소서 4:22~24) 내가 죽고 그리스도가 사는 것이 재림이다.(갈라디아 2:20) 과연 신은 있기나 한 건가. 인간이 만든 관념 아닌가. 만일 있다면 그것은 플라톤과 어거스틴의 철학과 신학이 주조한 만들어진 신이 이천오백 년간 내려져 왔을 뿐이다. 이제 늙은 용이 되어 기진맥진해 있다.

그런데 오늘의 시대에 신은 내세를 위한 신으로 전락해 버렸다. 나는 삶을 위한 신을 원한다. 지금까지의 신은 죽었다. 죽은 신을 버리고 기존의 선악을 넘는 새로운 출발을 감행해야 한다. 그를 일러 초인(위버맨쉬)이라 불러도 좋고 새로운 신의 탄생이라 해도 좋다. 낡은 전통을 망치로 부수고 이제 망치로 새로운 조각품을 만들어야 한다. 인류는 스스로 신성을 자각해 신의 본성을 회복해야 한다. 그 길을 밟은 자가 예수였다. 그런데 기독교 역사는 예수를 신으로 만들고 영업하는 길을 밟아 왔다. 그것은 타락한 기독교이다. 제도 교회는 부패와 타락을 면치 못한다. 교회는 늙은 용의 무덤이다.

9. 교수직을 물러나다

1879년 6월 14일 나는 10년간 근무한 바젤대학에서 물러났다. 당시 35살이었다. 온갖 병이 나를 완전히 장악해 강의가 불가능했기 때문이다. 나는 그해에 발작을 118일 정도로 했다. 조광증 발작으로 내 육신은 붕괴되고 있었다.

35살은 나의 아버지가 30년 전 갑자기 정신병인지 무언지로 세상을 떠난 나이였다. 나 역시 유전적으로 아버지와 같은 정신병을 앓고 있었기 때문에 내가 살려면 좋은 기후를 찾아 요양하는 수밖에 없었다. 나는 여름에는 알프스의 고산지대에서 보내고, 겨울에는 따스한 이탈리아의 해안 도시에서 보냈다. 대학 측은 나의 10년의 교수 실적을 높게 평가해 3천 프랑의 연금을 지급해 주기로 하였다. 인생의 황금기인 30대에 내 육체는 점점 병들어 죽음을 향해 나아가고 있었다. 나에게 왜 이런 고통이 왔는지 아무리 사유를 해봐도 그것은 알 수 없는 것이었다.

나는 1880년에 건강이 좋아졌고 기분 또한 즐거웠다. 그런데 사실 그것은 경조증(기분이 좋아졌다 우울해 졌다하는 감정의 폭이 매우 큰 병-조울증)의 시작이었고, 10년 후에는 정신을 아예 잃는 조광증이 되었다. 나는 아버지처럼 서서히 미쳐 갔던 것이다. 내 삶의 목적은 내가 찾아야 한다. 남이 주는 것을 받아들이는 것이 미덕이 아니라는 말이다.

　너는 너 자신의 주인이고 미덕의 주인이다. 미덕에 끌려 다니는 자는 노예이다. 그런 노예가 되지 말고 미덕을 네 뜻대로 부리고 거두는 미덕의 주인이 되어야 한다.

　그 결과 나는 나의 미덕의 주인이 되기 위해 바그너의 음악에서 멀어졌고, 쇼펜하우어의 철학에서도 멀어졌다. 그 세월이 10년이 걸렸다. 나는 나이기 때문이다.

3부   나의 사상

1. 초인이란 누구인가

신이 죽었다면 어떻게 살아야 하는가. 허무하다고 개판으로 살아야 하는가. 아니다. 초인으로 살아야 한다. 초인은 삶의 전사이다. 도전하여 이기는 자이다. 지혜는 여인이므로 승리하는 전사를 사랑한다. 패자는 돌아 갈 곳이 없다. 아프고 고달픈 삶이라도 그게 너의 생이고 나의 생이다. 고통 없는 세상은 오직 죽음뿐이다. 삶은 모름지기 고통이고, 이 고통의 무대에서 싸워 이겨야 한다.

내세로 도망가고 허무에 굴복하는 것은 인간 말종^{末種}이다. 삶이 무엇인지를 모르기 때문이다. 고통과 허무를 이기고 오늘을 힘차게 살아가는 게 삶이지, 허무에 무릎을 꿇거나 내세로 도망하는 게 삶은 아니다. 땅에서 풀려야 하늘에서도 풀린다. 초인은 인간 말종의 반대말이다. 초인은 문제 앞에 도망가지 않고 싸우는 자이다. 차라리 전장^{戰場}에서 죽을지언정 후퇴란 없다. 삶은 자신과의 투쟁이고 전쟁이기 때문이다.

인간은 하나의 더러운 강물이다. 더럽혀지지 않으려면 우리는 바다가 되어야 한다. 바다는 비에 젖지 않고 물을 마다하지 않는다. 인간은 신의 종이 되는 것이 아니라 초인이 되는 데 있다. 신성을 가진 인간은 또한 욕망을 가지고 있는데 욕망을 절제하고 신성을 예배하는 자가 초인이다. 지금에 만족해 정주하는 자는 초인이 아니다. 끊임없이 돌아다니고 극복하고 도전하는 자가 초인이다. 그 끝이나 완성은 없다. 끝은 허무하다. 오히려 완성을 향해 가는 과정에 희열이 있다. 무언가에 몰입해라. 창조력은 거기서 나온다.

진리를 위해 삶이 있지 않고, 삶을 위해 진리가 있다. 초인은 대단한 존재가 아니라 어제의 나보다 나아지면 바로 초인이다. 매일 새로운 존재가 되면 초인이 되기에 족하다.

남과 비교해 우월한 존재가 되는 게 초인이 아니라 나날이 새로워지고 자기를 극복한다면 이미 그대는 초인의 길을 걷고 있는 것이다. 그대가 바로 초인이다.

2. 초인에의 길

낙타는 참고 견딘다. 낙타의 정신이 있어야 고통을 이겨 나갈 수 있다.

사자는 반항하고 저항하는 용기를 가지고 있다. 사자의 정신을 가져야 기존의 규범과 가치를 비판적으로 성찰할 수 있다. 자유의 정신을 가져라.

마지막으로 새로운 가치를 만들려면 어린 아이가 되어야 한다. 어린아이는 순진무구하고 또한 잘 망각한다. 잘 놀고 긍정적이다. 스스로 바퀴를 굴리는 존재가 어린 아이이다. 늘 명랑해라.

인간은 자유스런 존재이지 국가나 신을 위해 존재하는 것이 아니다. 신은 고대인들이 신화의 시대에 살았기에 그들을 이해시키기 위해 신화적인 장치를 빌린 것일 뿐 절대적인 진리 자체는 아니다. 그 신화를 창조한 인간이 우선이다. 원인과 결과가 바뀌어진 채 역사가 흘러 왔는데 이제 제자리로 돌아갈 때가 되었다. 인간이 초인이 되는 것이 바로 원래대로 돌아가는 길이다. 초인은 되어가는 과정이지 완전한 존재가 아니다.

3. 영원회귀

지금 존재하는 것들은 앞서 존재했었고 또한 앞으로도 존재할 것이다. 그러므로 영원히 반복한다. 이것이 영원회귀이다.

인간과 세계는 그물처럼 다 연결되어 있기 때문에 과거에서 현재에로, 그리고 미래에로 다 연결되어 있다. 이 순간에 과거, 현재, 미래가 다 존재한다. 그러므로 현재가 과거를 결정할 뿐만 아니라 미래도 결정한다. 과거는 새롭게 구성하는 자의 것이다.

네 자서전을 써라. 그럼 과거를 장악하는 자가 미래 또한 결정하게 된다. 현재를 지배하는 자가 과거를 지배한다. 그리고 미래까지 지배한다.

영원회귀는 다른 뜻이 아니라 이 순간을 살라는 말이다. 지금 이 순간의 삶과 생이 영원하다는 말이다. 늘 다시 태어나 똑같은 삶을 살더라도 무언가에 몰입해 창조하면서 산다면 그 삶은 지루하지 않고 그 얼마나 기쁘겠는가.

4. 고통

삶의 고통은 신의 징벌이 아니라 원래 인생이란 고통인 것이다. 고통이 있기에 인간은 사유한다. 고통에서 힘이 생겨난다. 안주하면 죽음이다. 물론 고통의 무게에 짓눌려 죽는 사람 또한 있다. 한두 번 실패했다고 좌절할 필요가 없다. 실패와 고통에서 인간은 배운다. 그리고 용기 있게 도전하면 삶은 변할 수 있다. 고통으로부터 도피하지 말고 싸워 이겨야 한다. 네 운명을 사랑하라. 아모로 파티!

5. 왜 차라투스투라인가

차라투스트라는 도덕과 종교가 무엇인지를 생각해 만들어 낸 최초의 인간이다. 성서의 아담이 도덕의 출발점은 될 수 있으나 오늘날의 도덕과 종교의 시조가 될 수는 없다. 왜냐하면 구전으로 전승되던 유대인의 모세 오경 역시 차라투스트라의 영향에서 자유스러울 수 없기 때문이다. 바빌론 유수 이후 전승되던 것이 구약성서로 편집되었다. 아담은 인간이 신성을 가진 존재라는 것을 각성한 첫 인물이지 6천년 전에 태어난 첫 조상이 아니다. 인류는 6천년간 살아온 게 아니라 수십만 년 이상을 살아와 지금에 이르렀다.

아담의 이야기는 그 당시 고대 근동 문명권의 종합이자 집대성이다. 반면 차라투스트라는 역사적 실존인물로 오늘날의 도덕과 종교의 시조이다. 그는 유대교에도 심원한 영향을 주어 기독교의 출발을 가능하게 했기 때문이다. 심판과 부활, 천사와 악마, 신과 사탄의 묵시론적 최후의 전쟁, 천국과 지옥, 선과 악 등 모든 이원론의 학문과 종교는 그에게서 비롯되었다. 유대교에는 이원론적인 요소가 거의 없다. 거칠게 말한다면 일원론에 가깝다. 욥기를 보라. 사탄은 천상회의의 멤버로 신의 아래에 있는 천사에 불과하지 신의 적대자가 아니다. 그러나 페르시야 종교의 영향으로 반대의견을 냈던 자에 불과했던 사탄이 이제 신과 맞먹을 정도로 공중의 권세 잡은 자가 되어 이 세상의 권세를 장악하고 있다고 여긴 신약의 시대에 이르렀다. 이것이 종말론의 탄생이다. 종말론은 신구약 중간시기, 즉 페르시야로부터 로마 등장까지의 500년간에 유행하였다. 종말론을 알아야 신약성서를 이해할 수 있다.

그리스도교는 종말론에서 기원한다. 그러나 종말은 없다. 시한부종말론은 사기이다. 지금의 기독교는 종말론의 비의를 모르니 종말론 가지고 속고 속인다.

페르시야의 이원론에 대해서는 나중에 다루겠다. 차라투스트라가 새로운 도덕과 종교를 창시한 것처럼 신이 죽은 이 시대에 새로운 도덕과 종교가 탄생해 세계 시민의식을 각성시켜야 한다. 그러므로 나는 이 시대에 차라투스트라를 소환하는 것이다.

6. 창조하는 인간

세계는 수동적으로 받아들이는 것이 아니라, 너와 내가 세계를 창조해야 한다. 이것이 지복至福이고 구원이다. 창조와 몰입의 즐거움이 없이 어찌 세상을 살려고 하는가. 세상은 완결된 곳이 아니라 창조해 나가는 것이 세상이다. 그러므로 신은 없다. 만일 신들이 있다면 창조하는 인간을 어찌 참을 수 있겠는가. 창조하는 인간이 인류 역사 내내 있다는 것은 인간이 창조자라는 것이다. 인간은 신을 창조했고 이제 지난날의 신은 죽어 버렸다. 이제 인간이 신이 되고자 한다. 신성을 각성한 자는 모두 신과 다름이 없다. 이것이 예수가 일찍이 말한 성령을 받아 거듭나라는 비의祕義이다. 성령을 받으면 신성을 깨달아 신과 하나가 된다. 그러나 인간들이 우매하기에 사제들은 신의 권위를 들이대 계속 지껄이게 될 것이다. 인간은 벌레와 같다고.

그렇다고 전지전능한 신이 된다는 것은 아니다(예수는 엘리엘리라마사박다니라고 절규했으나 신은 무능력하였다) 그런 신은 연약한 인간이 만들어낸 관념의 신일뿐이다. 고통의 세계 속에서 인간이 걸어가야 할 바른 길을 알고 이를 실천할 의지가 굳건하면 족하다. 인간은 고통을 겪는다. 남의 아픔과 고통을 자신의 고통으로 여기는 것, 그것이 성령과 신성을 각성한 자의 길이다. 누구나 신이요 누구나 신의 자녀요 누구나 초인이다. 예수가 걸은 길은 누구나 걸을 수 있다. 예수가 신이라는 말은 만들어진 신이라는 말이라는 것이다. 예수는 먼저 그리스도였다. 성령으로 거듭난 자였다. 인간이었다. 신은 후세의 조작이다.

예수만이 신이요 예수만이 신의 독생자요 하는 것은 후세 인들이 신을 빙자해 장사하고자 함이다. 그들은 아주 쉽고 편한 길을 알아 우인愚人을 지배하는 법을 안다. 신이라는 우상을 만들어 우상 뒤에서 노예를 지배하고자 하는 무리들에게 속지 말라. 예수는 자기가 신이라는 말을 한 적이 없다.(그러나 예수의 적대자가 네가 신이냐고 따져들자 시편을 인용해 누구나 '신들'이라고 답변한 적은 있다) 나는 길이요 진리요 생명이요 하는 말은 성령을 받으면 누구나 신적인 존재가 된다는 말이다. 성령 받은 상태에서의 외침이다. 체험해 본 사람은 알고 거듭나지 못한 사람은 모른다. 성령 받으면 신과 하나이다. 하나님은 내가 되고 나는 하나님이 된다. 그럼 예수 이외에 구원이 없다는 말은 무엇인가. 그것은 율법을 지키면 구원받는다는 말의 대칭으로 나온 바울의 말이다. 유대인에게 적용되는 말이다. 유대인들은 모세의 율법을 통해 구원받는 것을 지켜왔기 때문이다. 그 종교문화권에서나 적용되는 말일 뿐이다. 또한 바울은 이방인이나 모든 사람들에게 믿음으로 구원받을 수 있음을 말했던 것이다. 예수의 마지막 당부는 성령을 받으라는 것이다. 나는 예수를 사랑한다.

　예수 사후 300년간 예수를 신격화하는 작업이 진행되어 삼위일체의 신이 만들어졌다. 신은 인간에 의해 탄생되어 인간을 지배하고 착취하고 분열시켜 지배자들의 이익을 위한 우상의 도구로 전락되었다. 우상을 부수라. 교회야말로 가장 우상을 숭배하는 집단이다. 천년묵은 용이 이제 서서히 죽어 간다.

7. 망치와 창조

인간의 길은 고통스런 길인 동시에 창조의 길이다. 인간은 무엇이 되고자 욕망하는 존재이다. 돈이나 재물은 저열한 욕망에 불과하다. 경제적인 부를 얻기 위해 청년들이 공부한다면 참으로 저급한 일이다. 나는 이런 사람을 인간 말종이라 부른다. 인간은 창조하기 위해 공부하는 것이다. 돌을 가공해 조각품을 창조하기 위해 정으로 쪼고 망치질을 하는 것이다. 쓸모없는 부분을 깎아내려면 정을 대고 망치질해야 한다. 그러므로 망치는 부수는 게 아니라 창조하기 위해서 손에 쥔 것이다.

창조하려 하지 않고 단지 부수기만 한다면 이는 문명의 파괴자일 뿐이다. 창조와 파괴는 동전의 양면과 같다. 새로운 가치와 도덕, 시민 의식을 창조하기 위해서는 기존의 낡은 도덕 체계를 부수어야 한다. 선악의 관념에 매여서는 창조적 작업은 불가능하다. 도대체 선과 악은 누가 정한 것인가. 선과 악을 넘어서 자연의 눈으로 인간 문명의 선악 관념을 조정해야 한다. 선과 악의 관념은 타락한 인간이 따 먹은 아담의 선악과이다. 여기서 갈등과 투쟁, 증오와 전쟁이 끊임없이 전개된다. 같은 신을 믿으면서 상대를 신의 이름으로 정죄하고 죽이면서 성전이라 떠들어댄다. 나는 이를 거부한다.

8. 선악의 함정

민족과 집단마다 선악의 기준이 다르다. 선악이 먼저 정해진 게 아니라 삶속에서 선악이 시대에 따라 생겨난 것이다. 선악은 고정불변의 것이 아니라 새로이 조정되는 것이다. 삶이 본질보다 앞선다. 나에게 좋은 것이 남에게 나쁠 수 있으니 보편적인 가치는 없다. 사람마다 가치가 다르다. 만 명의 사람이 있으면 만개의 가치가 있는 법이다.

선과 악을 나눈 자들은 누구인가. 강자들이다. 그들이 선악을 규정하고 권위를 내세워 자기들의 잣대로 심판을 해 왔다. 힘이 없는 자들이 그것을 따르지 않으면 살 수 없게 만들었을 뿐 진리와는 별개이다. 도덕의 진리조차 시대에 따라 바뀌어 진다. 이 세상에 선악은 없다. 학자들이 밥 벌어먹으려고 구분한 방편에 불과하다. 이원론 또한 이론은 화려하고 세련되어 보이니 초학자의 수준에 불과하다. 그 속에 담을 수 없는 것도 많고 다 뒤섞여 만물이 돌아가기 때문이다. 이원론에 속지 말라. 이원론의 족보나 계보는 계속해서 말하겠다. 사람 죽이는 게 경전이고 종교이고 그 알맹이는 이원론이다. 선악의 열매가 죄라는 것은 진리이다. 아담이 먹은 그 열매는 이원론의 열매 아닌가.

나는 요즘에 나타나는 대중적인 민주주의에 반대한다. 대중은 우매한 자가 대부분이기 때문이다. 그러나 만일 백년 후 대중들이 깨어나 폭군을 몰아낸다면 그런 민주주의는 바람직하다고 본다. 영원한 것은 없다. 모두 변화하기 마련이다.

내 말을 다 믿지 말라. 책에 쓰인 글을 다 믿는 것은 바보가 하는 일이다. 사람의 말에 과장과 거짓이 섞여 있듯이 책 또한 마찬가지이다. 내 말을 다 믿다니 그런 바보가 있나. 벼락과 번개가 네 머리를 강타해라. 그래야 깨어난다.

성서를 글자 그대로 믿는 자만큼 어리석은 자가 없다. 왜냐하면 서로 충돌되고 모순되는 구절이 있기 때문이다. 말은 상황 속에서 나온 말이다. 그러므로 상황이 바뀌면 말이 달라지는 게 당연하다. 사람이 무슨 말인들 못하랴.

9. 신성을 가진 인간

인간도 그렇고 말도 그렇고 다 정반대의 주장을 할 수 있다. 내 말도 마찬가지이다. 모든 말은 자기모순에 빠져 있다. 생각이 시시각각 바뀌듯이 말 또한 생각대로 바뀌어 나온다. 내 주장에는 정반대의 주장 역시 성립할 수 있다.

나를 사자처럼 생각할 수 있지만 나는 양과 같이 온순하다. 그게 나다. 나는 수줍어하면서도 매우 급진적이다. 그 또한 나이다.

인간은 천사인 동시에 악마이다. 이를 정확히 본 자가 예수였다. 그는 베드로를 추켜세웠다가 바로 즉시 사탄이라고 말한 것이 그 증거이다. 인간은 신성을 가진 존재면서 동시에 마성을 가진 두 얼굴의 존재이기 때문이다. 천사인 동시에 악마가 인간이다.

내 말을 소화하면 약이고 그렇지 못하면 독약이다.

"신은 죽었다"는 말 역시 마찬가지이다. 신이 인간의 마음에 깃들다가도 소리 없이 신성을 잃어버릴 수 있다. 삼손이 그 예이다. 그러나 다시 회복할 수 있는 게 인간이다. 신은 존재한 적 있기에 죽었다고 한 것이다. 그러나 신이 없다고 해서 허무주의에 굴복할 필요가 없다.

인간은 다시 필요하면 신을 만들 수 있다. 과학과 기술이

발달하면 할수록 인간은 자신이 신이 되려고 할 것이다. 과거엔 황제가 신이니 신의 아들이니 하고 내세웠다면 이제 앞으로는 모든 인간이 신이 되는 세상이 올 것이다. 신성을 자각해 인간답게 사는 게 신의 길이자 인간의 길이다. 이제 새 세상이 열린다. 새로운 세상에는 새 도덕과 종교가 필요하다. 차라투스트라가 이제 나타나야 한다.

10. 진리는 변화한다

　이 세상에 만고불변의 진리가 있는가. 지금까지는 그 진리가 존재한다고 믿어 왔다. 그러나 이제 시대가 달라졌다. 새로운 과학적 발견이 이루어지면 이전에 만고불변의 진리라고 여겨져 온 게 진리가 아닌 것으로 드러난다. 과학이라는 천국은 종교에서 말하는 천국만큼 불가피한 거짓이다. 진리는 계속 변화한다. 과학 또한 진리는 아니다. 과학 법칙은 새 학설이 계속 나타난다. 고정된 불변의 진리는 없다. 비록 그게 존재하더라도 각 개인의 자아가 그것을 인식하는 방법과 수준은 각양각색이요 천차만별이다. 나의 진리가 너에게는 아닐 수 있다. 진리는 강요할 수 없기 때문이다.

　음악 역시 진리 그 자체는 아니다. 나는 바그너의 숭고한 음악이야말로 진리하고 여긴 적이 있지만 그에게 자유의지를 빼앗겼다는 사실을 알고 거기서 벗어나고자 애썼다. 나는 아버지인 바그너를 죽이고 아들인 차라투스트라를 얻었다.

　나는 교수직을 물러난 후 '파울 레'와 함께 여행을 다녔다. 그는 나보다 5살 연하였는데 그와 나는 인간의 양심에 대해 자주 토론을 하였다. 그는 말했다. "니체 선생, 양심은 초월적 기원을 가지지 않아요." 나는 그의 영향으로 도덕의 기초가 되는 양심에 대해 많은 생각을 한 후 『도덕의 계보』를 집

필했다. 그의 영향이 컸다. 나 역시 양심의 가책을 진리나 도덕의 초월적 기원으로 보지 않게 되었다. 파울 레와 나는 잠언을 만들기를 좋아했다. 그는 "종교는 자연에 대한 두려움에서 비롯되고, 도덕은 인간에 대한 두려움에서 비롯된다."라는 말을 들려주고 낄낄 웃었다. 인간의 양심에 대해서는 이후에 다시 논하겠다. 나는 파울 레를 통해 '루 살로메'라는 여성을 만났다. 팜므파탈인 그녀에 대해서는 다음에서 논하겠다.

11. 팜므파탈

여자에겐 댄디가 유혹적이고, 남자에겐 팜므파탈이 유혹적이다. 댄디는 친절하고 세련되면서도 거친 남성적인 저돌성이 숨어 있다가 폭발하여 여성에게 매혹적으로 보인다. 여자들은 어느 순간 댄디의 포로가 되기 쉽다. 여성은 여성적인 친절함을 가진 동시에 야수처럼 저돌적인 나쁜 남자에 잘 넘어간다. 여자는 이중적인 플레이에 잘 속는다.

반면 팜므파탈은 여성적인 아름다움을 가지고 있는 동시에 남성적인 냉철함과 지성을 가지고 있어 자신의 야망을 위해 남자를 농락하는 여자이다. 이처럼 인간은 남성성과 여성성의 이중적인 면을 가진 사람에게 잘 끌린다. 내가 만난 루 살로메는 전형적인 팜므파탈이었다.

루 살로메는 러시아의 귀족 출신으로 금발의 미녀였다. 그는 유럽의 지성계에서 인기가 높았다. 남자들로부터 말이다. 그녀는 매우 부유하면서도 독서에 대한 열정이 대단해 자신이 읽은 책의 저자와의 대화를 좋아했다. 나는 파울 레로부터 그녀가 나를 만나고 싶어 한다는 말을 들었다.

"니체 선생, 루 살로메라는 젊은 여성이 선생의 책을 읽고 감동이 되어 선생을 만나고 싶어 하오."

"나는 별로 만나고 싶은 생각이 없소이다."

나는 몇 번이나 만남을 거절했다. 파울 레를 통해 루 살로메의 편지를 받았으나 답장을 보내진 않았다. 나는 병고에 시달리고 있었기 때문에 병약한 내 모습을 여자들에게 보이고 싶지 않았다. 나는 오직 말비다라는 귀족부인에게서 후원을 받는 것으로 만족했다. 말비다에 대해서는 이후에 다루겠다.

나는 어느 날 성 베드로 성당에서 루 살로메를 만났다.

"우리는 어느 별에서 떨어져 있다 오늘 만나게 된 걸까요?"

"취리히죠"

루 살로메의 눈은 매우 아름다웠다. 나는 그 눈망울에 사로 잡혔다. 그녀는 아름다운 동시에 지적인 능력이 탁월해 시를 잘 지어 시집을 낼 정도였다. 그녀는 철학에 정통했는데 나와 우열을 가릴 수 없을 정도였다. 알고 보니 나의 철학과 그녀의 철학은 동일한 방향을 가고 있는 수레바퀴와 같았다. 그녀의 혈통은 반은 독일인이고 반은 러시아인이었다. 그녀는 남자들의 애간장을 녹이는데 능수능란한 팜므파탈이었다. 팜므파탈은 타고 난다.

내가 쓴 『차라투스트라는 이렇게 말했다』(1부)는 반은 영감에 차서 썼고, 반은 루 살로메를 생각하며 미친 듯이 광기에 잡혀 10일 동안 밤낮으로 썼다. 그리고 10일간 낭송하며 교정했다. 그녀는 영감을 주는 여인으로 잡을 듯하면 도망쳐서 나뿐만 아니라 모든 남자들의 애간장을 태웠다. 그녀에 대해서는 나중에 다시 말하겠다.

12. 삶만큼 중요한 것은 없다

　나는 누구에게 의지해 말하지 않는다. 학자들은 플라톤이나 데카르트 또는 칸트에 의지에 말하나 나는 이를 거부한다. 나는 그들의 철학을 공부해 보았는데 이제 그런 이원론을 졸업할 때가 되었다고 생각했다. 나는 베이컨이 말한 것처럼 권위자라는 우상을 섬기지 않는다. 나는 나이기 때문이다. 나는 삶 자체를 중시하지 머릿속의 관념을 중시하지 않는다.

　2,500년간 플라톤 이래 모든 철학과 도덕, 종교와 가치는 그의 이원론에 기반을 두어 전개되어 왔다. 어거스틴에 이르러 기독교 교리와 그리스 철학은 하나로 융합되어 지금까지 유럽을 지배해 왔다. 앞서 이원론에 대해서는 말한 바 있다. 이원론은 아무것도 모르는 초학자들에게는 매력적으로 보여 명쾌해 보이나, 깨닫고 보면 그런 세계관은 인간의 리얼한 삶을 열등하고 허무한 것으로 보기에 삶에는 아무런 도움을 주지 못한다. 초학자들에겐 달콤하게 보이나 결국 독약이나 마약과 같아 헤어 나올 수 없다. 거기에 빠지면 평생 관념의 우상에 갇혀 생을 낭비한다.

　나의 철학은 인간의 삶 자체를 탐구한다. 삶의 철학이 나의 철학이다. 죽음 이후는 묻지 말라. 그것은 알 수 없는 것이다. 영원을 부정하는 것이 아니라 삶이 우선이라는 것이다.

이것은 예수가 정확히 말했다. "땅에서 풀리는 자가 하늘에서도 풀린다." 삶을 모르면서 내세를 말하지 말라. 인간을 모르면서 신을 말하지 말라. 삶속에 내세가 깃들어 있고 인간 속에 신성이 있는 것이다. 모르는 미지의 영역은 모른다고 해야지 사기 치면 안 된다. 그것은 욕심이다. 단지 모를 뿐!

인간을 있는 그대로 알기 위해서는 인간이 무엇이라고 미리 규정하면 안 된다. 플라톤 이래의 도덕체계는 미리 인간이 무엇 무엇이라고 규정해 놓고 이를 따라야 한다고 말해 왔다. 이제 그 허구를 부수어야 한다. 지금 이 순간 있는 그대로의 삶을 대면해야 한다. 이 점에서 나는 전통적인 형이상학과 도덕체계, 그리고 이와 결합된 기독교를 비판하고 그 해체를 주장하는 것이다.

13. 위버맨쉬

위버맨쉬(초인)는 신중심주의 뿐만 아니라 인간 중심주의도 벗어나자는 것이다. 위버맨쉬는 사전에 아무런 전제를 두지 말고 단지 자기 자신의 문제를 끊임없이 극복해 가자는 것이다. 자신을 극복해 가면 자신의 삶을 주체적으로 창조할 수 있다. 전통적인 신이 죽었다고 허무해 할 필요도 없고, 전통적인 도덕이 붕괴했다고 걱정할 필요도 없다.

삶은 축복이고 세상은 살아볼만한 것이다. 삶이 비록 고통이라 하더라도 운명을 사랑해야 한다. 네가 네 자신의 운명을 사랑하고 극복해 나가야지 누가 대신 해 줄 수는 없다. 네 운명을 사랑하라. 아모르파티!

14. 관념론은 헛소리이다

이 세상(삶)과 저 세상(영원, 이데아, 내세)을 우열로서 분리해 놓고 저 세상을 우위에 놓는 이원론은 삶을 부정하는 노예의 철학이다. 삶이라는 대지를 외면하고 이데아를 숭상하는 이원론은 삶을 살지 않고 형이상학의 관념을 우상으로 섬기고 있다. 플라톤의 이데아, 데카르트의 완전한 절대자, 칸트의 물 자체, 쇼펜하우어의 의지로서의 세계는 이원론적인 관념의 세계로 이론은 화려해 보이나 그 속에 삶에의 의지는 없다. 머릿속의 말장난이요 헛소리이자 개똥철학에 불과하다. 설령 그런 가상의 세계를 꿈꾸더라도 그것이 삶보다 우위일 순 없다. 그것보다 삶이 우선한다. 내가 존재하고 삶이 존재하기에 그런 세계를 머릿속에 그려 볼 수는 있다. 그러나 그 자체는 허구일 뿐 실재가 아니다. 실재는 내가 바로 이 순간을 산다는 것에 있다.

이원론은 이 세상에 고통이 있고 악이 존재하는 것을 설명하는 도구일 뿐이다. 선과 악은 고정된 실체가 아니다. 만일 있다면 가짜와 진짜가 있을 뿐이다. 나아가 가짜와 진짜마저 무엇을 기준으로 한단 말인가. 모두 상대적인 것을 뿐이다. 상황 속에서 나온 것이다. 설령 진리가 존재하더라도 진리는 그 상황 속에서 새롭게 해석되는 것이지 고정되어 있는 것은 진리가 아니다.

　예수는 안식일날 병자를 고쳐주었을 뿐만 아니라 안식일날에 밀이삭을 잘라 먹기조차 하였다. 유대인의 안식일 율법을 정면으로 위배한 일을 했으니 정죄받을 일이었다. 그러나 생명을 살리는 일이라고 보았기에 예수는 이것을 율법을 어기는 것이 아니라 지키는 것이라고 해석하였다. 인간을 위해 안식일이 있는 것이지 신을 위해 안식일이 있는 것이 아니라고 말했다. 이처럼 진리는 생명을 살리는 것이지 진리라는 허울과 올가미로 사람을 죽이는 것이 아니다. 삶이 우선한다.

　우와 열, 선과 악, 신과 인간, 내세와 현세, 부자와 빈자 등을 대립적으로 보는 한 갈등과 전쟁은 계속된다. 그것들은 둘로 나눌게 아니라 사실 하나로 연결되어 있다. 부자가 더 큰 부자 앞에서는 빈자처럼 여겨지고, 빈자 역시 더 극빈한 자 앞에서는 더 부유하다고 느끼는 것일 뿐이다. 플라톤 이래의 모든 철학은 지금까지 관념론이다. 이데아의 세계만이 참되고 현실세계의 삶은 허무하다고 말한다. 그런데 왜 너희들은 이 세상에서 더 오래 살고 싶어 하고 썩어질 부와 명예를 그리도 탐하더냐? 너희가 거짓이기 때문이다.

　그러므로 플라톤과 형이상학의 '선 자체'는 관념의 산물이지 인간의 리얼한 삶 자체는 아니다. 비록 삶에는 인간이 이해할 수 없는 악과 고통이 있으나 인간의 삶만큼 중요한 것은 그 어디에도 없다.

15. 종말론

인간은 삶의 고통을 해결할 수 없을 때 피안의 낙원을 갈망한다. 이 세상에서 희망이 꺾이면 그 대안으로 피안을 동경하고, 힘에의 의지를 상실하면 점점 더 금욕적이게 된다. 결국 내세에서의 보상에 기대고 지배자들이나 사악한 자들이 지옥에 갈 것이라고 여기는 것으로 위안을 삼는다. 그러나 그것은 자기만의 정신승리에 불과할 뿐 그런 세계가 있다는 근거는 없다. 가상의 세계이기 때문이다. 동물들이 천국에 가고 지옥에 가지 않는 것처럼 인간 또한 마찬가지 아닌가. 악마도 없고 지옥도 없다. 관념의 산물이다.

어느 부족과 민족이던지 고대에는 그 민족의 종교가 있었다. 고대의 전쟁은 부족이나 민족의 전쟁일 뿐만 아니라 신들의 전쟁이었다. 그 증거는 무엇인가? 만군萬軍의 주라는 용어에 있다. 신은 전쟁의 신이었다. 인간의 전쟁이 아니라 신들의 전쟁이었고 패전하고 멸망당한 부족의 신상은 적군의 보물창고에 보관되었다. 이 대표가 유대민족의 멸망이다. 유대인의 야훼는 만군의 주이다.

그런데 유대인은 자기들이 신 앞에 회개하면 다시 이스라엘의 영광을 회복하고 다윗왕조를 회복할 것으로 믿었다. 그들이 망한 것은 죄와 우상숭배로 인해 망한 것이기에 새로

신 앞에 회개하고 율법을 준수하면 곧 새 하늘 새 땅이 열릴 것으로 믿었다. 그런데 율법을 준수하고 죄가 없는데도 고통은 계속되었다. 여전히 그리스와 로마의 강대한 제국에 의해 유대인은 고통을 받고 있었다. 그러자 이제 새로운 사상이 나왔다. 그것이 바로 종말론이다. 이 세상의 공중권세를 잡은 악한 세력(사탄)으로부터 고통이 가해진다는 것이고 그것을 끝장내는 길은 메시아의 강림뿐이었다. 그 메시아는 다윗가문의 후손이어야 했고 메시아가 오기 전에 엘리야가 온다는 믿음이었다.

예수가 나기 400년간 이런 종말론이 유대교에 들어오게 되었다. 그 실례가 있는가? 있다. 바로 다니엘서이다. 다니엘서7장~12장의 묵시는 역사에 대한 최후 심판의 판타지이다. 그리고 이를 그대로 모방한 것이 신약의 요한계시록 아닌가. 다니엘서에서 부활사상이 처음 나온다. 억울한 자를 죽음에서 다시 일으킨다는 것이다. 그럼 종말이란 무엇인가. 종말이란 언젠가 악이 종말을 맞이한다는 것일 뿐 결코 인류의 멸망이 아니다. 새로운 역사의 출발을 말한다. 우주의 시간과 공간의 붕괴가 종말이 아니다. 시공이 붕괴한다면 생명 자체가 멸절이고 인간 또한 없게 될 것이다. 결국 신 자신도 없다. 다만 신약성서가 편집되어 나오기 수세기 동안의 역사적 상황은 종말론을 배경으로 한다. 유대인의 고통을 이해한다면 쉽게 종말론을 이해할 수 있다. 거대한 적을 이기는 방법은 신의 역사 개입, 즉 메시아의 출현에 의지할 수밖에 없지 않겠는가.

인간의 고통과 악의 존재 앞에 인간은 무능력하기에 피안으로 도피해 버린다.

16. 진리 역시 우상이다

그 자체로서 참된 진리는 있는가. 설령 그런 것이 있다한
들 인간의 삶에 대해 참다운 가치가 있을 때라야 참된 것이
되는 것이다. 삶은 고정되어 있지 않고 살아 움직이듯 진리가
있다면 그것 역시 생성, 변화되는 것에 지나지 않는다. 진리
라는 것으로 사기치지 말고 그에 속지도 말라. 네 자신의 삶
만큼 진리인 것은 없다. 삶속에서 진리를 찾아야지 진리에 네
자신을 맞추려 말라. 사람마다 삶이 다르듯 진리 또한 다르기
때문이다.

신앙인에게는 신이 진리이고 또한 신의 말씀이 진리이다.
그러나 같은 신을 믿어도 하나는 왕정을 지지하고, 하나는 공
화정을 지지한다면 신을 믿노라 하나 실상은 자기의 신을 믿
는데 불과하다. 각자 자신의 수준만큼 믿으니 결국 동일한 신
이 아니라 수만 가지의 신을 믿는데 불과하다. 자신만이 신의
편이라고 떠드나 상대 역시 그 자신이 신의 편이라고 하며
종교전쟁을 벌인 게 그리스도교의 역사 아닌가. 그러므로 보
편적인 진리는 없다. 주관적인 해석만이 존재할 뿐이다. 역사
상 수많은 현인들이 진리가 어떻고 본질이 어떻고 떠들어 대
며 그것이 보편적인 것인 양 군림해 했으나 그것은 그의 개
인적인 견해에 지나지 않는다. 진리는 우상이다. 부수어야 한
다. 오직 삶이 진리이다.

17. 원한감정

기독교는 대중을 위한 플라톤주의이다. 오늘날의 대중은 세속적인 교양에 만족해하는 속물이다. 대중은 창조적 소수가 아니다. 그들은 이집트를 탈출한 후에 이집트의 술과 고기를 그리워했던 유대인과 다를 바 없다. 모세는 그런 속물들을 다 죽여 버렸다. 오늘날의 대중들은 먹을 양식을 구하는 것으로 만족해하고 영웅의 기상과 정신이 없다. 속물들이다. 나는 이런 대중을 인간 말종이라고 부른다. 현재의 교양인들은 속물들이다.

허약한 것을 동정하고 삶을 무기력하게 사는 것은 선이 아니라 악덕이다. 삶에서 도피한 실패자와 약자를 동정하는 것이 기독교의 악덕이다. 기독교는 노예의 도덕이다.

나는 주인의 도덕을 주장한다. 삶에서 도망가지 말고 도전하고 지배하도록 해야 한다. 강한 자가 되고 고귀한 자가 되어야 한다. 가치를 스스로 창조하는 주인이 되어야 한다.

지배자는 주인의 도덕을 갖고 피지배자는 노예의 도덕을 갖는다. 선과 악의 기원은 인간의 행위가 아니라 인간 자체에게서 기원한다. 그러니 노예가 아니라 지배자가 되어야 한다. 삶의 지배자말이다. 여기서 지배자란 정치적 지배자를 말하는 것이 아니라 인생의 지배자를 말한다. 나의 인생의 주인은 나

이외에는 없다. 비록 신이 있다하더라도 그것은 내 안의 신성^{神性}이지 저 우주 밖의 초월적인 존재가 아니다. 그런 초월적인 신은 없기 때문이다.

지배자는 자기가 선이고 상대는 악이다. 반대로 노예는 자기가 선이고 지배자가 악이다. 이처럼 각자 처지에서 선과 악을 달리 규정한다. 지배자는 자신들의 상대인 노예를 경멸해 '나쁘다'고 말한다. 반대로 피지배자는 지배자들의 강함과 자부심을 '악'으로 간주하고 자신들의 비천한 처지를 도리어 '선'이라 여긴다.

박해와 억압을 받는 자들은 노예도덕을 가지고 있다. 노예는 강한 자들에 대해 '원한감정'(르상티망)을 가지고 있다. 그들은 강한 자들에게 보복을 하고 싶어 하지만 그럴 힘이 없다. 그 대신에 노예들은 그들의 무력감을 '선'으로 바꾸어 해석하였다. 그들은 비열함을 '겸허'로, 복종할 수밖에 없는 처지를 '순종'으로, 비겁하기에 참고 기다리는 것을 '인내'로, 복수할 능력이 없는 것을 '용서'라는 미덕으로 꾸미게 되었다. 이렇게 기독교의 도덕은 '원한감정'(르상티망)에서 비롯된 노예도덕일 뿐이다.

18. 대중은 시키는 대로만 한다

인간이란 무엇인가? 인간은 짐승과 초인 사이를 잇는 밧줄 -심연 위에 걸쳐 있는 밧줄-이다. 인간은 초인을 향해 끊임 없이 자신을 극복하고 상승해 나가는 존재이다. 그런데 초인 이 되고자 하는 의지가 없이 일상의 편안함에 안주해 버리는 자가 있다. 그게 대중이다. 대중은 평범함에 젖어 결국 왜소 해져 가는 천민에 지나지 않는다. 현실에 안주해 버리는 대중 들이 세상의 주인이 되는 사회가 온다면 그런 사회는 발전이 없다. 민주주의는 타락하기 쉽다. 바보같은 자를 대표로 뽑을 수 있기 때문이다. 천민에게 진정한 삶이 있는가?

내가 말하는 천민은 신분, 지위, 학식, 재능을 차별해 말하 는 게 아니다. 도덕에서의 노예처럼 대중에 영합하는 학자, 예술가도 천민에 포함된다. 대중은 평균적인 삶에 만족해 그 들에게 해를 끼치지 않기를 바랄 뿐 도대체 창조하려고 하질 않는다. 무언가에 몰입해 창조하면 누구나 초인이 될 수 있 다. 그런데 대중들은 가축떼와 다름이 없다. 남들이 시키는 대로만 하기 때문이다. 자기 생각이 없고 국가가 시키는 대로 하는 자들 역시 천민과 다름이 없다. 오늘날 세계는 국가 이 데올로기를 '교양'이라는 이름하에 따르고 있다. 그것은 주인 의 삶이 아니다.

나는 말한다. 인간은 초인의 삶을 따라야 한다고. 인간이 무엇인가를 극복해야 한다면 바로 대중성을 극복해야 한다는 말이다. 대중은 삶에 소극적이고 안전만을 바라기에 초인에로의 모험의 길을 떠나질 않는다.

19. 신은 죽었다. 바로 우리가 그를 죽였다.

나는 무신론자가 아니다. 신을 죽었다고 말했으니 사신론자 死神論者이리라. 나는 오늘날의 사람들이 신봉하는 신으로부터는 삶이 소중한 것이라는 것을 배울 수 없다. 인간을 악한 존재라고 보고 삶을 부질없는 것이라고 가르치는 기독교에서는 인간 본연의 가치를 찾을 수 없다. 가상의 신을 만들어 놓고 그 이름으로 획일적으로 대중들을 복종시켜 왔으니 이제 그 허구를 부술 때가 되었다. 앞서 말한 바, 신은 죽었다는 말은 플라톤주의와 형이상학의 가치체계가 이제 부수어졌다는 말이다. 이원론적인 원리와 결합된 교리화된 신이 죽었다는 말이다.

신은 죽었다. 그런데 신을 죽인 것은 우리이다. 이제 허구의 관념에서 삶과 대지로 돌아와야 한다. 예수는 스스로를 신이 아니라 사람의 아들, 즉 인자人子라 하였다. 가장 인간다운 인간이었다. 나는 역사상 그리스도인이 있었다면 예수만이 유일한 그리스도인이라고 본다. 신격화된 예수는 예수의 사후 그를 죽인 자들이 희생양을 메시야라고 재해석한 것에 지나지 않는다. 그 선봉이 바울이고 바울은 종말론자로 예수의 삶에는 관심이 없고 오직 부활과 재림, 속죄의 대속교리에만 관심이 있었다. 그런데 바울이 그토록 갈망한 종말과 재림은 바울이 죽기 전에도 오지 않았고(바울은 곧 온다고 믿었음) 지금껏 이천년이 다가도록 오지 않았다. 백년, 천년이 지나도 오지 않는 것은 미래에도 오지 않는다. 계시록의 종말과 심판의 묵시는 문학적인 판타지이기 때문이다. 그것은 신을 믿고 끝까지 참고 견디라는 것일 뿐 인류 역사의 종말을 말하는 게 결코 아니다. 장사꾼들에게 속지 말라. 종말론은 시대의 산물이지 진리가 아니다.

20. 초인의 삶

내가 말하는 신은 플라톤과 어거스틴이 말한 철학과 교리의 신을 말한다. 그런 신은 이제 죽었다. 그럼 인간은 다시 무슨 신을 만들까. 인간은 이제 과학과 이성을 신으로 믿게 될 것이다. 그러나 과학과 이성 또한 신은 아니다. 과학적인 진리는 시대에 따라 변화한다. 계몽주의는 신을 몰아내고 그 대신 이성을 신의 자리에 올려놓았으나 이성은 인간 몸의 일부일 뿐 그 이상이 아니다. 이성 또한 인간의 일부이지 전부가 아니다. 이성보다 무서운 것이 무의식이고 감정이다. 인간은 이성보다는 감성과 감정의 지배를 더 받는다. 과학과 기술은 인간의 이성을 발판으로 하나 그 역시 신은 아니다. 우상일 뿐이다.

이제 신이 죽었으니 어떻게 살아야 하는가? 이제 우리는 초인으로 살아야 한다. 초인은 삶을 사랑하고 자신의 운명을 사랑한다. 자기의 먹을 물을 자신의 우물에서 퍼 올려야 한다. 이게 초인의 삶이다. 삶의 주인이 바로 초인이다. 신적인 것, 신성을 자기의 내부에서 찾아야지 외부에서 찾아보아야 헛수고이다. 초인이야말로 신적인 것을 스스로 찾는 자이다. 외부의 초월적인 신은 이제 죽었다. 네 스스로 네 안에서 신의 성품을 발견하라. 이게 초인의 삶이다.

이 세상은 힘으로 가득 차 있다. 세계를 구성하는 것은 힘이다. 힘이 없으면 우주와 자연이 돌아가지 않는다. 만유인력과 중력 같은 것이 힘 아닌가. 인간의 삶 자체가 힘에의 의지이다. 숨을 쉬는 것이 힘이고, 숨을 멎는 것이 힘의 상실이다. 우주의 힘은 동일한 상태로 끝없이 반복된다. 자연은 저절로 돌아간다. 세계의 모든 일은 영원한 시간의 흐름 속에서 동일한 패턴이 반복된다. 영원회귀이다.

21. 돌고 도는 영원회귀

시간은 출발점도 없고 끝도 없다. 영원히 '순간'으로 돌고 있다. 원위의 모든 점은 과거도 아니고 미래도 아니다. 오직 하나의 그 '순간'에 있을 뿐이다. 세계 내에서 시간뿐만 아니라 힘들 역시 원운동을 하면서 끊임없이 생성, 변화를 거듭한다. 시작도 없고 완성 또한 없다.

동일한 것이 영원히 반복되고 한번 간 것이 돌아온다고 하여도 지금 이 순간의 삶이 가장 중요하다. 영원회귀! 그것이 삶 아닌가? 나는 사람들의 잠든 머리를 강타하는 번개이고 싶다. 깨어나라. 먹구름을 뚫고 내리치는 번갯불을 네 뇌에 받아라.

22. 몸이 바로 삶이다

신이 죽었다고 해서 인간중심주의로 살라는 것이 아니다. 인간은 자연의 일부일 뿐이다. 인간이 세상을 사는 것은 '몸'으로 사는 것이다. 몸이 있기에 삶이 가능하다. 인간은 몸을 통해 힘에의 의지를 실감하고 생명의 에너지를 느끼고 산다. 인간의 몸 자체가 영혼이다. 영혼이란 인간의 몸 안에 있는 그 어떤 것을 부르는 말이다. 몸에 영혼, 이성, 정신이 깃들어 있다. 몸이야말로 큰 이성이고, 정신이 작은 이성이다. 작은 이성은 큰 이성의 지배를 받는다. 그러므로 몸이야말로 인간 자체요 자기 자신이다. 몸이 있어야 삶이 가능하다. 몸을 떠나 이성이나 영혼이 따로 실재하는 것은 아니다. 그러므로 대지의 삶에 충실해야 한다. 대지야말로 삶이고 생명이고 이 순간이다. 순간이 영원으로 통한다.

23. 네 스스로 창조자임을 알라

인간 각자가 하나의 창조자이다. 나와 너 모두 삶의 창조
자이다. 초인은 자기 삶의 주인으로 자신의 삶을 긍정하고 운
명마저 사랑하는 자이다. 초인은 전통 도덕을 거부하고 신의
죽음으로 인한 허무감마저 이겨낸 자이다. 누구나 초인으로
가는 도상에 서 있다.

인간의 삶에서 도대체 인간이 무엇인지를 찾아내야 한다.
그 길은 사람마다 각기 다르다. 단 하나 동일한 것이 있다면
저마다 삶의 주인이 되라는 것이다. 내 삶의 주인으로 사는
것이 삶의 창조자이다.

24. 말종 아니면 초인이다

보라, 나는 번개의 예고자이며, 구름에서 떨어지는 무거운 빗방울이다. 이 번개야말로 초인이 아니던가. 이 세상에서 경멸스러운 인간을 인간 말종末種이라고 부른다. 이제는 인간이 자신의 목표를 가져야 할 때다. 이제는 초인이라는 드높은 이상의 싹을 심을 때다. 인간의 대지는 아직도 싹을 심기에 충분할 만큼 비옥하다. 지금 바로 한 알의 씨를 뿌려라. 오래 사는 것이 복이 아니다. 인간 말종이 오래 산다. 나는 말종을 경멸한다. 그는 지혜로운 자가 아니라 오래 살기만을 바라는 속물이다. 나는 인간들에게 존재의 의미를 가르치고 싶다. 그것은 초인이 되라는 것이다. 그렇다. 존재의 의미는 초인이며 검은 구름을 뚫고 번쩍이는 번개가 초인이 아닌가. 초인은 그의 목표를 향해 그의 길을 떠난다. 머뭇거리는 자와 게으른 자를 뛰어넘으라.
차라투스트라는 이렇게 말했다.

25. 여인은 용기있는 전사를 사랑한다

인간에게 신이란 무엇인가. 그것은 피안에 대한 망상이다. 신은 인간의 작품이자 망상이었다. 신은 인간이었던 것이다. 피안으로부터 온 것이 아니다. 나는 신을 닮은 자들을 잘 알고 있다. 그들은 자기를 믿기를 바라고 의심은 죄가 되기를 바란다. 그들이 잘 믿고 있는 것은 세계 너머의 세계가 아니라 사실 그들의 몸이다. 그들 자신의 몸이야말로 물物 자체이다.

나는 흐르는 강물 가에 있는 난간이다. 붙들 수 있는 자는 나를 붙들어라. 나는 그대들의 지팡이는 아니다. 걷는 것은 너의 몫이다.

나는 글 가운데 피로 쓴 것만을 사랑한다. 피로 써라. 그러면 그대는 피가 곧 정신임을 알게 되리라. 한때 정신은 신이 되었다가, 다음에는 인간이 되었고, 이제 마침내 천민이 되었다. 피와 잠언으로 쓰는 자는 읽히기를 원하는 것이 아니라 암송되기를 바란다. 용기를 가지고 도전하라. 지혜는 여인이다. 따라서 언제나 전사戰士만을 사랑한다. 용기 있는 자가 미인을 얻는다. 우리가 삶을 사랑하는 것은 삶에 익숙해져서가 아니라 사랑에 익숙해졌기 때문이다. 내가 신을 믿게 된다면 그 신은 다만 춤출 줄 아는 신이리라. 나를 통해 어떤 신이 춤을 춘다. 천민이나 인간 말종으로 살려 말고 그대 영혼 속

의 영웅을 사모하라. 그대의 희망을 신성하게 간직하라. 무엇
이 선이냐? 용감한 것이 선이다.
차라투스트라는 이렇게 말했다.

26. 민족과 국가는 우상이다

그대들은 선의의 경쟁자인 증오해야 할 적들은 가지되, 천민이나 말종과 같은 경멸할 적은 갖지 마라. 그대들은 자신의 적을 사랑해야 한다. 그래야만 적의 성공이 또한 그대들의 성공이 되는 것이다. 삶에 대한 사랑이 최고의 희망이자 최고의 사상이다. 나의 사상은 한가지이니 그것은 "인간은 극복되어야 할 그 무엇이다!"라는 것이다.

민족과 국가는 우상이다. 그를 믿지 말라. 국가는 냉혹한 괴물, 즉 리바이어든이다. 그 괴물은 거짓말을 한다. 괴물인 리바이어든의 입에서 "나, 즉 국가는 민족이다."라는 거짓말이 기어 나온다. 모든 민족은 선과 악에 대해 말을 하는 혀를 가지고 있으나 이웃 민족은 그 혀를 이해하지 못한다. 정반대의 선악을 말하기 때문이다. 국가가 말하는 선과 악은 진리가 아니라 거짓말이며 국가가 가지고 있는 것은 훔친 것이다. 국가라는 괴물은 "나는 질서를 부여하는 신의 손가락이다."라고 하며 울부짖으며 복종을 강요한다. 그대들은 전투에 지쳐 그만 국가라는 새로운 우상을 섬긴다. 국가가 없어지는 곳에서 비로소 인간다운 인간들의 삶이 시작된다.
차라투스트라는 이렇게 말했다.

27. 천개의 민족이 있다면 천개의 목표가 있다.

자신의 벗을 적으로서 존중할 줄 알아야 한다. 그대의 벗에게서 최강의 적을 찾아야 한다. 그대의 벗과 경쟁할 때 그대는 마음으로 그대의 벗에게 가장 가까이 다가간다. 그대는 벗에게 초인을 향해 날아가는 하나의 화살, 초인을 그리워하는 동경이어야 하기 때문이다.

예전에는 여러 민족이 창조의 주체였으나 이제는 개인이 창조의 주체가 되었다. 창조란 무엇인가? 가치를 재해석하고 가치를 만들어내는 것이다. 몰입해야 한다. 천개의 민족에 천개의 목표가 있었다. 다만 천개의 목에 채울 족쇄, 즉 '하나'의 목표가 없다.

악을 통해 선이 생겨나고 우연으로부터 여러 목적이 생겨난다. 벗의 내부에 있는 초인을 그대의 존재 이유로서 사랑해야 한다. 착하고 의롭다고 여기는 자를 조심하라. 그들은 자신의 덕을 만들어내는 자를 기꺼이 십자가에 매달아 처형한다. 착한 자를 자칭하는 자들이야말로 독성이 짙은 파리떼이다.

사랑에 빠진 여자는 모든 것을 희생한다. 그녀는 사랑 이외의 다른 것은 무가치하게 여긴다.

차라투스트라는 이렇게 말했다.

28. 스승은 밟고 올라가야 할 계단이다

언제까지나 학생으로 머물러 있는 자는 선생에게 보답하지 못하는 것이다. 그대들은 어찌하여 나로부터 월계관을 빼앗으려 하지 않는가? 스승은 추앙하는 대상이 아니라 밟고 올라가는 계단이다. 나를 버리고 그대들 자신을 찾도록 하라. 모든 신은 죽었다. 이제 우리는 초인이 등장하기를 바란다. 위대한 정오는 그림자가 없다. 그 정오에 마지막 의지를 불태워야 한다.

삶과 역사를 떠난 진리는 없다. 사변적이고 관념적인 진리는 삶과 아무런 관련이 없는 헛된 우상에 불과하다.

나는 내 운명을 안다. 언젠가 내 이름은 놀라운 회상과 관련될 것이다. 지상에 한 번도 없었던 위기, 가장 깊은 양심과의 충돌, 이제까지 믿고 요구되고 신성시되어온 모든 것에 반反하는 결정에 관한 회상이 일면 나를 기억하게 될 것이다.

나는 인간이 아니다. 나는 다이너마이트이다.

29. 순간이 영원으로 통한다

나는 내 글이 모든 사람에게 읽혀지길 원치 않는다. 허무와 염세에 젖은 사람들은 내 글에서 용기를 얻으라. 관념의 허구가 아니라 삶에서 의미를 찾으려는 사람들은 내 글을 사랑할 것이다. 그들은 초인의 기상에 귀를 기울이고 힘을 얻게 될 것이다.

다시 말한다. 우리에게 이상적인 가치도 없고 신조차 죽어 버린 불확실한 시대에 어떻게 살 것인가를 고민하는 사람들은 내 얘기를 들으라. 이런 부조리한 세상에서 삶의 의미를 찾고자 하는 사람들은 내 책을 읽어야 한다.

신에 대한 믿음이 없다면 2천년 간 문명을 이끌어 온 도덕과 법칙에 더 이상 권위는 남아 있지 않다. 만일 죽음 이후에 아무 것도 없다면 모든 것의 궁극적 의미는 '지금 이 순간의 여기'에 있다. 이 순간의 삶이야말로 영원과 통하는 것 아닌가.

그러므로 자기 자신과 싸워 이겨라. 나는 이것을 말하고 싶다. 이 순간 무엇인가에 몰입하라. 삶의 전사, 이것이 초인이다.

차라투스트라는 이렇게 말했다.

30. 원시 기독교의 탄생은 종말론에 있다

원시 기독교는 거대한 허무주의 운동이었다. 원한감정으로 인해 기독교가 탄생했다. 유대인은 종살이를 한 노예들이었다. 현실에 대한 무력감과 좌절에서 증오가 태어난다. 인간은 자신이 힘이 없으면 세상의 종말을 원한다. 이게 종말론이다. 신의 심판 말이다. 종말이 오면 주인과 노예의 자리가 거꾸로 된다. 의인이 심판을 받고 오히려 죄인이 구원받는다. 이게 종말론의 비의祕義이다. 가치전도!

유대인들은 현실의 삶을 악으로 규정하고, 저 세상의 피안, 즉 천국이야말로 참된 세계라고 규정했다. 자신들의 조상인 아브라함, 야곱, 요셉 등은 모두 죽어 조상들에게 간다고 여겼으나 점차 페르시야 종교의 영향으로 죽어서 천국에 들어간다고 믿게 되었다. 역사의 종말, 즉 새 하늘 새 땅의 도래가 불발로 계속 드러나자, 이제 천국의 도래를 수평적인 것(역사에서 천국의 실현)에서 수직적인 것(죽음 이후의 내세의 천국)으로 도약시켜 버렸다. 이것이 기독교의 역사이다. 아우구스티누스의 무천년설이 그대표이다.

그리하여 곤궁하고 힘이 없고 천한 자가 착한 자로 신의 축복을 받는다. 이에 반해 고귀하고 강력한 자들은 영원히 신의 축복을 받지 못하는 저주받은 자이다. 이런 원한감정(르상티망)이 기독교의 출발이다. 그런데 나는 말하노니 역사상 오직 한 사람의 그리스도인이 있었다. 그리고 그는 십자가에서 죽었다. 그를 죽인 자들이 희생양을 신격화시켜 오히려 장사하며 호의호식하고 있다. 과연 신이 살아 있는가? 신은 죽었다. 그런 자들을 심판하지 못하기 때문이다. 교회야말로 가장 우상을 섬기는 무리들이다.

차라투스트라는 이렇게 말했다.

31. 세 명의 철학자

성직자들은 인간을 십자가에 못 박는 것 말고는 달리 그들의 신을 사랑할 줄 몰랐다. 예전에는 신에 대한 불경이 가장 큰 불경이었고 신성모독자는 사회에서 매장을 당했다. 그러나 신은 죽었고 더불어 신에게 불경을 저지른 자 역시 모두 죽어갔다. 이제 초인이 등장하기를 우리는 바란다. 과거의 신은 인간이 만든 우상이고 이제 인간은 스스로 초인이 되어야 한다. 왜냐하면 신의 작품이 인간이 아니라 인간의 작품이 신이기 때문이다. 인간사회의 고통과 끔직한 전쟁, 이유 없는 억울한 자의 죽음과 악의 존재는 신의 작품이 아니다. 헤겔은 이를 일러 '이성의 간계'라고 하였으나 그것이야말로 억지스런 헛소리이다. 그것은 인간사회의 부조리일 뿐이다. 유사 이래 그런 악과 부조리는 신과는 무관한 것이다. 고대인의 사유에 인간사회의 고통과 악을 설명하는 수단으로 신의 섭리를 끌어들여온 것일 뿐이다.

유대인은 예수를 죽이고 희생양을 신으로 섬겨 자신의 죄를 용서받고자 했고, 사제들은 예수를 신격화시켜 자기들의 권력을 키우는 수단으로 삼아왔을 뿐이다. 예수와 12사도의 사후에 교회 권력자들이 예수를 신의 아들이요 신 자신이라고 추켜세운 것은 당시 헬레니즘과 로마시대의 스토아 사상에서 인간을 신으로 보는 풍조가 만연했기 때문이다. 편협한 유대교(일원론적인 경향이 강함)에는 원래 부활과 심판, 천국과 지옥의 관념이 거의 없었으나 동방종교와 헬레니즘의 영향으로 이원론(현세와 내세를 이분법으로 봄)이 유대교에 들어와 결국 그리스도교를 탄생시켰다. 바울의 편지를 보면 이원론적인 논리의 전개가 넘쳐 난다.

바울은 이방인을 전도하는 수단으로 이원론을 빌려왔을 뿐인데 어인 일인지 2천년의 기독교 신학이 이원론으로 교리화되었다. 물론 플라톤의 영육 이원론 철학과 궁합이 잘 맞았고 이의 대표자가 아우구스티누스의 『신국론』이었다. 루터와 칼빈 역시 아우구스티누스의 신학을 빌려 종교개혁을 했으니 결국 플라톤, 바울, 아우구스티누스의 세 기둥이 지금의 신학과 철학을 정립해 온 것이다.

4부

루 살로메와의 편지

1. 루 살로메의 편지

나는 루 살로메에게서 이별의 편지를 받았다.

"당신은 매우 섬세하고 조용하며 신중한 사람입니다. 당신이 정신적 스승인 바그너와 헤어질 때도 바이로이트의 바그너극장 축성식에 참여했다가 조용히 혼자 그곳을 떠났음을 난 알고 있습니다. 또한 스위스 루체른 공원의 사자상 앞에서 나에게 청혼할 때 내가 정중히 거절하였을 때에도 당신은 그 상황을 조용히 받아들였습니다.

나는 당신의 고독이 당신의 삶 전체를 사로잡고 있다는 강한 인상을 받았습니다. 나는 직관적으로 이를 알았습니다. 나는 시인이기에 이를 잘 압니다. 당신은 보통 체격의 남자로 소박하지만, 또 한편으로는 너무나도 세심한 의상을 입고, 조용한 상태로, 아주 단순하게 뒤로 빗어 내린 갈색머리를 가진 고독한 남자입니다.

가장 인상적이면서도 섬세한 입술선이 앞에서 위로 다듬은 큰 수염에 의해 거의 완전히 덮여 있습니다. 당신은 요란하지 않게 이야기하고 조용하게 웃었으며, 신중하고 사색적인 걸음걸이였는데, 걸을 때엔 어깨를 약간 구부렸습니다. 당신은 많은 사람 가운데서 멀리 떨어져 홀로 있는 모습이었습니다.

나는 직감으로 당신의 내면을 알아챌 수 있습니다. 거듭

말하지만 당신은 조용하고 신중하며 사색적인 사람입니다. 당신은 신비하며 기품 있는 고독한 인격의 소유자이자 종교적 영성의 사상가입니다. 세상 사람들은 유럽 문화나 종교, 사상 등에 가하는 당신의 거칠고 공격적인 표현 때문에 당신의 철학을 파괴의 철학으로 읽어냅니다. 그리고 당신을 매우 열정적이고 공격적인 남성적인 성품으로 상상하지만 당신이야말로 사실 섬세하고 조용한 여성적 특성을 지닌 성격의 소유자임이 분명합니다."

니체는 루 살로메의 편지를 받고 용기와 직관이야말로 시인이 갖추어야할 자질이라는 것을 실감하였다.

2. 니체의 답장

"당신이야말로 가장 남성다운 여자임이 분명하오. 나는 당신에게서 거친 남성성을 발견했소. 나는 당신을 생각하며 10일간 미친 듯 한 영감에 글을 썼소. 그런데 사실은 나는 그 글을 나 자신을 위해 썼던 것이요. 내가 쓴 것은 『차라투스트라』의 1부였소. 10일간 밤낮으로 쓰고 10일간 낭독해 보고 교정했소. 몰입의 순간이었고 당신에게 감사하오."

나는 루 살로메와 파울 레에게 1882년 7월 10일 편지를 보냈다. 차라투스트라를 읽어 보라고. 그들이 첫 독자였다.

3. 살로메의 답장

　"당신은 사상의 임신과 출산을 좋아하는 여성성을 가지고 있습니다. 당신이야말로 사상을 출산하고 이를 창의적으로 표현하는 것을 선호하는 진정한 여성입니다. 거친 남성성과 섬세한 여성성이 당신의 내면에서 화산처럼 폭발을 앞두고 있습니다. 나는 당신의 마음을 생각하고 늘 흥분해합니다. 지상에서 미친 사람이라고 하는 당신, 니체를 알아주는 사람은 나밖에 없습니다. 당신의 동생은 당신을 절대 이해하지 못합니다. 동생에게서 벗어나길 바랍니다.

　당신은 섬세하고 날카로운 통찰력으로 세계를 분석하고 비판하는 동시에 생명의 사상을 창의적으로 잉태하는 사람입니다. 당신은 신은 죽었다고 말하지만 당신의 글을 읽어 보면 신을 필요로 하고 신의 대체물이 바로 초인임을 알게 됩니다. 당신이야말로 '자기모순의 영웅'이자 '신의 창조자'입니다. 당신의 말은 당신 영혼의 자기 고백으로 병고와의 체험의 산물입니다. 자기 구원의 고백이 당신의 철학입니다. 나는 당신의 글에서 눈물과 탄식, 절망과 희망, 파괴와 창조의 목소리를 듣습니다. 신이 죽은 시대에 당신은 자기 구원을 스스로 이루라고 외치는 광야의 소리입니다."

4. 루 살로메의 고백

"니체를 가장 잘 이해한 사람은 시인인 나, 루 살로메이다. 나는 니체에겐 팜므파탈과 같은 여인이었을 것이다. 나는 이 세상의 남자를 그런 식으로 대했다. 나는 지고지순한 사랑을 믿지 않는다. 나는 내 방식대로 사랑한다. 파울 레도 그러하고 릴케 또한 그러하다. 나는 사랑의 주도권을 내가 장악한다. 나는 니체의 사후에 니체를 유럽에 소개하는데 객관적이고 학문적인 자세를 늘 유지했다.

나는 21살에 니체를 만났다. 그리고 12년간 그의 책을 읽었다. 그리고 33살에 니체를 연구한 책을 내었다. 그 책은『작품으로 본 니체』(1894)였다. 내 책이 나오던 당시 니체는 50세로 정신병자였다. 나의 책은 그의 청혼을 거절한 데 대한 나의 영혼의 답변이자, 니체 정신의 위대성에 대한 내 방식의 존경이었다.

1894년 당시 니체는 정신병을 앓고 있었다. 나는 내가 쓴 책에서 니체가 예전에 활동하던 생생한 모습을 묘사했고 더 나아가 니체의 정신 활동의 특징, 문제, 저서 및 사상을 체계적으로 소개했다. 나에게 니체는 누구였을까. 니체는 고통속에서 새로운 인식과 새로운 영적인 길을 탐구한 사상가이자 철학자였다. 나는 정신분석가로 프로이트와 친했다. 프로이트에게 니체를 알게 해 준 사람이 바로 나였다. 프로이트는 철학자 니체를 정신분석학으로 연구했다. 나는 팜므파탈이 결코 아니다. 나는 이를 넘어선 예술가이다. 나는 남녀 간에 하는 욕정어린 섹스를 하지 않는다. 섹스의 끝은 허무 아닌가. 금단의 열매는 따먹지 않는게 낫다. 나는 이를 실천한다. 나는 여성이라도 사색하고 사상을 구축하는 지성인이라는 것을 보여 주고 싶을 뿐이다. 나는 나의 지성을 사랑한다. 나 역시 나는 나일뿐이다.

5. 니체와 살로메

이 글은 니체입장에서 1인칭으로 쓰고 있는데 살로메가 등장하는 부분은 부득이 작가가 개입해 써야 이 둘의 관계가 정리될 듯합니다. 그래서 간략하게 둘의 만남을 소개합니다.

1882년 4월 살로메와 니체는 처음으로 만났다. 두 사람의 만남은 니체보다 다섯 살 적은 친구 '파울 레'와 유럽 문화계의 대모였던 '말비다 폰 마이젠부크' 여사의 주선으로 로마 베드로성당에서 처음 이루어진 이후 11월 초까지 이어졌다. 앞서 한번 이 둘의 만남을 적었는데 다시 한번 적는 것은 이 둘의 관계가 중요하기 때문이다. 7개월 정도의 만남으로 인생이 달라졌기 때문이다.

4월말 니체와 살로메는 이탈리아 몬테 사크로(Monte Sacro)라는 울창한 언덕에서 많은 대화를 나누었다. 그리고 니체는 5월초 스위스 루체른 공원의 사자상 앞에서 살로메에게 청혼하였으나 아무런 답변을 얻지 못했다. 1882년 여름 독일 도른부르크에 머무는 동안 살로메의 시 〈삶에 대한 찬가〉에 니체가 가곡을 썼다. 8월 7일부터 26일까지 3주 동안 니체와 살로메는 독일의 타우텐부르크에서 함께 지냈다. 니체는 살로메에게 자신의 영원회귀사상을 설명하며 이 사상이 온 세상을 뒤흔들어놓을 것이라고 말했다. 11월 첫 번째 일요일 라이프치히 역에서 살로메와 파울 레를 전송하며, 니체는 자신의 저서 『즐거운 학문』을 살로메에게 기념으로 주었는데, 이것이 두 사람의 마지막 만남이 되었다.

루 살로메는 1883년부터 파울 레와 베를린에서 동거하기 시작했고, 니체와 살로메의 관계는 결국 연정과 연민, 아쉬움과 회한의 관계로 끝났다. 파울 레는 재능있고 사려깊은 인간으로서 니체와 가장 친했던 동료였다. 이 세 명의 관계는 소설로 써 봄직하다.

니체와 루 살로메는 남녀간의 애정 관계로 발전하지 못했지만, 니체는 살로메에 의해 영혼의 영감을 얻으며 차라투스트라의 1부를 완성하게 되었고, 살로메는 니체에 의해 깊은 삶의 통찰을 얻을 수 있었다. 니체가 그녀와 헤어지며 상실감으로 고통을 겪긴 했지만, 살로메는 그를 파멸시킨 여성(팜므파탈)이 결코 아니었다. 니체는 이별의 고통을 창작으로 승화시켰다. 고통 끝에 몰입의 순간이 왔다. 두 사람의 관계는 생산적인 관계라고 할 수 있을 것이다. 살로메는 니체를 알게 된지 12년 후에 니체에 관한 책을 씀으로써 니체의 사상을 세상에 알리고 니체가 철학사의 무대에 오르도록 문을 열어주었다.

6. 천국

천국은 상상속의 허구의 세계이다. 사람마다 각기 다르다. 예수는 하늘나라가 너희 안에 있다고 하였지 특정 장소나 공간에 자리한다고 말한 적이 없다. 신과 함께 거하는 곳이 천국이지 죽어서 가는 천국은 없다. 양심이 지성소이지 교회건물이 성전이 아니다. 인간의 몸과 영혼이 성전이라고 바울이 말했지 않는가.

예수가 말한 재림과 종말이 오지 않자 교부들은 일대 혼란에 빠졌다. 새로운 해석이 요청되었다. 결국 재림과 종말은 비유요 상징인 것이 드러났다. 묵시록의 세계는 문학적 허구였다. 신약성서를 보면 재림과 종말이 그들 세대에 일어난다고 믿었으나 2천년 동안 그런 일은 일어나지 않았다. 직업적인 사제들은 수평적인 종말을 수직적인 종말로 변환시키는게 교회번영에 훨씬 도움이 된다는 것을 알았다. 수평적인 종말은 현세의 악이 종언을 고하고 천국이 지상에서 펼쳐지는 것이다. 이것이 새 하늘 새 땅이다. 묵시와 계시가 그것이다. 그런데 수 백년이 지나도 재림이 불발하자 죽어서 천국 가는 것을 영생으로 이해하게 되었다. 이것이 수직적인 종말이다. 인간은 현세에 복을 받고 죽어서는 천국에서의 영생을 꿈꾼다. 이것이 인간의 욕망에 가장 부합하는 것 아닌가. 이것이야말로 인간 뇌속의 환영 아닌가. 바로 수직적인 종말, 즉 죽어서 천국 가는 것이 기독교의 교리가 되었다. 이 과정이 초대교회 3백년의 교회사이다. 이 종교적 환영은 인간을 미혹케 하고 인간을 신의 노예로 만든다. 인간은 이토록 미망속에서 멸망하는 존재이다. 지상의 모든 종교는 그러하다. 그런데 어찌 상상속의 허구가 인간의 삶 위에 폭군으로 군림할 수 있는가. 나는 이를 뒤집어엎고자 한다. 그것은 인간의 욕망이 만든 우상이기 때문이다. 야훼가 '나는 나이다.'라고 했다면 인간 또한 '나는 나이다.'라고 말해야 한다. 그 외는 우상이다. 그러니 삶에 충실하라.

7. 삶

    삶은 삶일 뿐 이론으로 설명될 수도 없고 논증될 수도 없다. 삶은 모순이고 역설이기 때문이다. 삶은 부조리하고 불가해한 것이다. 절대진리는 없다. 때론 삶은 애매하고 신비한 것이다. 아무리 탐구해보아도 알 수 없는 것이 삶이다. 이 세계는 무한하다. 무한의 세계는 무한의 해석이 존재한다. 단 하나의 해석이 존재하는 시대는 지나가 버렸다. 모두가 중심이고 모두가 창조자이다. 그러므로 네가 삶의 주인이다. 네 멋대로 살라. 그리고 남도 존중하라.

    무엇이 선이냐. 용맹한 것이 선이다. 백 살이나 오래 사는 것이 무슨 자랑이냐. 아무 감동이 없는 삶은 지리멸렬한 것 아닌가. 오래 사는 자는 늙어 버린 교양 속물에 지나지 않는다. 그는 아무런 희생도 안하고 아무런 투쟁도 안한다. 그에게는 투쟁어린 고난도 없으니 절망 또한 없다. 그저 건강만을 끔찍이도 생각한다. 그게 행복인가.

    삶의 전사는 오래 살기를 빌지 않고 생의 전장에서 전사가 되길 바랄 뿐이다. 전사가 그 어떤 자비를 구걸하랴. 선과 악은 동전의 앞뒷면처럼 서로 붙어 있다. 초인은 결코 선한 인간이 아니다. 어느 한 사람들에게는 선인善人이요 다른 한 사람들에게는 악마이다. 악마들로부터 저주를 받는 자가 진정한

선인이지 살아생전 모든 사람의 존경을 받는 선인은 존재하
지 않는다.

8. 힘에의 의지

오직 생명이 있는 그곳에 생에의 의지가 있다. 인간사회는 구성원 간에 권력이 작용한다. 말하는 자가 있고 듣고 순종하는 자가 있다. 권력의지는 인간관계에서 이루어지는 것이지 우주와 자연이 굴러가는 것과는 무관하다. 인간사회에서 주인은 선택의 자유가 있고 자유에는 책임이 따른다. 반면 노예는 자유도 없고 책임도 없다. 고대 아테네의 민주주의가 망하고 비극의 시대는 끝났다. 아테네 시민은 주인의 자리에서 내려왔다. 그 이후 소수의 귀족과 엘리트들이 지배하는 시대가 되었다. 지금의 민주주의는 자유와 평등을 외치나 책임의식은 없다. 민주주의는 그 사회의 수준만큼 발전한다.

중세까지 신이 존재하는 시대였다. 인간은 고민할 필요가 없었다. 살 것인지 말 것인지는 신이 결정해 주었기 때문이다. 그런데 근대가 되면서 인간이 살 것인지 말 것인지를 결정하는 시대가 되었다. 어떻게 살 것인지를 고뇌하는 햄릿은 근대적인 인간의 출발이었다. 이제 인간 스스로 결정하고 책임지는 개인의 시대가 되었다. 기존의 권위는 그 사명이 끝났다. 신의 시대는 종언을 고했다. 그러므로 새 시대에 맞는 종교와 도덕이 나와야 한다.

9. 선과 악

　선과 악은 고정된 것이 아니라 바라보는 자의 관점에 따라 제각각 다르다. 어떤 것을 선이라 하고 어떤 것은 악이라 하는가. 그것을 규정하고 평가하고 정의하는 것은 바로 네 자신의 의지이다. 이를 힘에의 의지, 권력의지라 한다. 진리를 알고자 하는 자 역시 존재한다. 학문의 탐구는 진리에 대한 탐구라고 하는 자 역시 있다. 진리에 대한 의지 역시 이를 통해 지배하고자 하는 의지일 뿐이다. 진리 역시 고정된 것이 아니라 변화하는 것이다.

　예전에는 집단이 창조의 주체였으나 이제는 개인이 창조의 주체가 되었다. 예전에는 신을 의지했으나 이제 그를 들먹이는 자는 망상에 빠진 자에 불과하다. 산타는 아이에게 통하는 동화의 세계이지 성인의 세계는 아니다. 산타가 없듯 신은 없다. 산타가 가상의 존재이듯 신 역시 그러하다.

　신은 죽었다. 그를 죽인 것은 우리 인간들이다. 이제 신이 설 자리는 없다. 이를 공포스러워 하는 자들도 있고 아무 생각이 없는 자도 있다. 그런데 인간은 무엇이라도 의지하려는 자이기에 오히려 허무를 의지하려고 한다. 자기를 파괴하려는 자는 '무無'라도 의지하고자 한다.

10. 도덕의 계보

도덕에는 근원이 있다. 나는 1887년 7월 10일부터 20일 동안 영감에 사로잡혀 『도덕의 계보』를 썼다. 그곳은 스위스의 한적한 고지대 마을인 실스마리아였다. 나는 번개를 맞은 듯 나에게 내리는 영감을 독자의 정수리에 꽂아 넣고자 부어 주는 계시를, 그저 받은 대로 적어 내려갔다.

동정심과 연민은 좋은 것이나 부작용이 심각하다. 그것은 약자의 세계관이기에 그렇다. 내가 병약하다고 약자를 연민으로 바라본다면 인류는 쇠락할 것이다. 강자들이 강자들과 맞붙어 더 강한 자를 만들어 낼 때 인류의 발전이 있다. 강자가 되려고 부단히 노력해야 한다. 연민에 빠진 자는 강자에 대한 원한감정에 빠져 자기의 발전을 가로 막고 자기의 할 일을 신의 심판에 맡기는 종교 중독자이다. 강자가 있다면 강자를 이기고 더 강한 자가 되어야 한다. 너는 경멸할 상대가 아니라 증오할 상대를 설정해 두고 그를 넘어서기 위해 분투 노력해야 한다. 강자와 대결하자. 그럼 각성이 일어나 강자가 된다.

노예는 원한 감정에 빠져 자기들은 선하다고 하고 강자를 악하다고 한다. 그러나 주인은 자기들을 좋다고 하고 상대를 나쁘다고 평가한다. 주인은 고귀한 동시에 잔인하다. 반면 노예는 어린 양처럼 순하고 비굴하다. 주인의 대표는 누구인가. 로마인이다. 노예의 대표는 누구인가. 유대인이다. 나는 삶을 창조하고 지배하는 귀족을 선호하고, 삶을 부정하고 자학하는 노예를 싫어한다.

양심은 인간 안에 있는 신의 목소리였던 적이 있으나 이제는 자기 자신을 자학하는 죄책감이 극도에 달해 (죄인의 죄의식)양심은 얼음처럼 차가워져 죽어 버렸다. 그러나 바울이 죽기 전 최후의 고백은 성령과 양심 안에서 하나님을 뜨겁게 섬기었다는 것이고, 마르틴 루터 또한 양심의 명령에 열렬히 충실해 "나는 하나님이 준 양심에 입각해 이 일을 한 것이다." 라고 외쳤다. 그런데 지금의 교회는 양심을 너무도 모른다. 무지하기 짝이 없다.

11. 이중성

나의 내면에는 강자와 약자, 야수와 병자가 공존한다. 두 얼굴의 인간이 나이다. 나는 병약하나 활기와 패기가 넘치는 강자이고 싶다. 나는 야수와 같은 디오니소스이고 싶다. 사실 나는 병약한 자요 정신이 붕괴되어 미쳐간다는 것을 나는 잘 알고 싶다. 나는 이런 약한 모습의 내가 싫다.

내가 쓴 책은 나의 내면의 반대 모습을 표현한 것이다. 책을 통해 나를 이해했다고 하는 자는 바보이다. 모든 책은 위선이고 거짓이다. 책의 내용을 다 믿는 자는 바보이다. 책은 허구요 가상이요 바람일 뿐이다. 나는 내가 아닌 나를 소망한다. 그럼에도 나의 책은 나의 울분이요 한탄이요 절규이다. 그게 나이기 때문이다. 나는 피로서 책을 썼다. 그게 나의 삶이자 운명이었다.

내 책을 이해하는 독자가 단 한명이라도 있을까. 아마 없을 것이다. 그럼에도 나는 단 한명의 독자를 원한다. 나는 1888년에 『우상의 황혼』, 『바그너의 경우』, 『안티크리스트』, 『이 사람을 보라』를 연달아 순식간에 썼다. 내 마지막 불꽃이었다. 번개 맞은 내 머리를 식히는 것은 글을 쓰며 몰입하는 것이었다. 나에게 극복해야 할 상대는 바그너였다. 왜 바그너였는가. 바그너는 데카당스(퇴폐, 부패, 타락, 허무)를 인격화한 데카당(부패한 자) 자체였기 때문이다. 그러나 사실은 내 안에 있는 바그너를 죽이고자 한 것이었다. 나에게 데카당이 있었기 때문이다.

 데카당스는 강자의 권력의지를 부패하게 하는 약자의 도덕이다. 그 핵심은 퇴폐가 아니라 선하고 도덕적인 삶이다. 바로 기독교의 덕목인 약자에 대한 연민이다. 바그너는 신에게 점점 가까이 가고자 했고 나는 멀어지려 했다. 바그너는 연민의 왕이었고 나는 그 연민을 죽이고자 했던 것이다. 나는 1888년 6월말부터 세 달간 『우상의 황혼』을 썼다. 나는 망치를 들고 사람들이 '이상'이라고 부르는 우상을 파괴하고자 이 책을 썼다.

12. 우상을 부수다

유대인이 과거 광야에서 황금송아지라는 우상을 섬겼듯이 지금 유럽인은 2천년 간 기독교 도덕을 우상이라고 섬기고 있다. 교회야말로 우상의 소굴이다. 교회는 소크라테스의 변증법과 플라톤의 이데아를 신학의 틀로 교리화하여 진선미의 도덕개념을 '존재'의 세계라고 하여 변화하는 '생성'의 세계보다 우위에 두었다.

존재의 제1원인은 무엇인가. 그것은 신일 수밖에 없다고 하면서 신이 있기에 만물이 존재한다는 믿음을 만들어냈다. 그러나 이것은 앞에서 말한 바대로 원인과 결과를 뒤집어 놓은 것이다. 신은 원인이 아니라 결과다. 변화하는 현상이 원인으로 존재하고, 신은 이 세계의 존재 원인을 해명하기 위한 도구로 만들어진 고대인의 개념일 뿐이다. 지금 내 말을 미친 놈의 말이라 여길 터이지만 백년, 오백년 지나면 아마 내 말이 맞을 것이다. 신이란 인간 사유의 마지막 창조물인 것이다. 인간의 신성은 신을 요청한다. 신성을 가진 인간은 시대마다 새로운 신을 창조한다. 칸트 역시 도덕과 정의의 수호를 위해 신을 요청한다고 말했지 아니한가. 그러므로 신이 죽은 시대에 새로운 가치를 찾아내야 한다.

13. 나는 미친놈, 정신병자이다

나는 병자이다. 나는 강해지고 싶다. 나는 강자인 율리우스 카이사르를 숭배한다. 그는 용감한 동시에 잔인하다. 그는 무사인 동시에 문학가이다. 인간은 사자인 동시에 양이어야 한다. 병이 나를 장악하더라도 나를 죽일 수는 없다. 나를 죽이지 못하는 것은 나를 더 강하게 만드는 좋은 벗이다. 독을 소화해야 약이 된다. 쓰린 상처에 의해 정신은 성장하고 새 힘이 솟아난다.

나는 1888년 가을부터 조광증이 심해져 무한한 자신감으로 가슴이 터져 버릴 것 같았다. 정신이 붕괴되어 갔다. 그해 10월 『안티크리스트』를 완성한 후 인류역사를 쏘아 둘로 쪼개버릴까 봐 두려워했다. 나는 친구인 신학자 오버베크에게 보내는 편지속에 내 심정을 내비쳤다. "친구여 나는 환상에 자주 빠져 든다네. 나는 신분이 높은 귀족으로 늘 융숭한 대접을 받는다네." 그렇다. 나는 미쳐 갔던 것이다. 나는 귀족으로 높은 대접을 받고 있다는 망상에 빠져 있었다.

나는 1888년 10월 20일에 나를 후원하던 노부인인 말비다에게 절교를 알리는 편지를 보냈다. 말비다는 내가 어려울 때마다 나를 도와준 자비로운 노부인이었다. 그런데 내가 쓴 『바그너의 경우』란 책을 그녀가 은근히 비판하면서 나와 멀어졌던 것이다. 나에게는 동정심과 잔인성의 양면이 자리 잡고 있었는데 잔인성이 그만 격렬해지면서 여러 사람들에게 절교의 편지를 보냈던 것이다. 말비다는 늘 나를 도와주었는데 말이다. 정말 나는 미쳐 갔던 것이다. 잔인한 나, 그게 나였다.

내가 쓰러지기 전 나의 무의식에는 여러 인물이 들어와 있었다. 세계를 지배한 카이사르가 있었고, 십자가에 못 박힌 예수가 있었고, 예술의 신인 디오니소스가 내 무의식에 들어와 있었다. 또한 바그너의 아내인 '코지마 바그너'도 나의 무의식에 들어와 있었다. 코지마는 바그너를 만나기 전에 지휘자인 한스 론 뵐로의 아내였다. 그런데 그녀는 바그너와 사랑에 빠져 뵐로를 버리고 바그너의 아내가 되었던 것이다. 나는 코지마와의 대화에서 더할 나위 없는 기쁨을 맛보았다. 그건 다 옛날의 일 아닌가. 그런데 나는 정신이 붕괴되면서 내 스스로를 디오니소스로 여겼고, 코지마를 나의 아내로 여겼다. 나는 미친놈 아닌가.

14. 살로메의 고백

　나는 1882년의 겨울 어느 날 루 살로메에게서 편지를 받았다. 그해 11월 5일 살로메와 파울 레는 갑자기 나를 두고 떠났는데 나는 지금도 그 이유를 모르고 있다. 나는 그녀에게 많은 편지를 보냈는데 내가 열 번의 편지를 보내면 그녀는 한 두번 정도의 편지를 보냈다. 이 편지는 그녀가 나를 떠나 파울 레와 함께 동거할 때 보낸 편지이다. 루 살로메는 지적일 뿐만 아니라 용기 있는 여인이었다.

　"나는 1861년생입니다. 나는 17세에 헨리크 길로트를 알게 되었습니다. 그는 1870년대 페테스부르크에서 최고로 인기 있는 인물이었습니다. 그는 네덜란드 출신의 목사였습니다. 그는 매우 진보적이고 개혁적인 신학을 가지고 있었고 설교에 매우 능했습니다. 길로트 목사는 잘생겼을 뿐만 아니라 공명되는 목소리인 두성을 가져 매력적이었습니다. 그는 철학과 문학에도 능해 달콤한 그의 설교는 수많은 여성을 매료시키기에 부족함이 없었습니다. 그는 당시 42세로 아내가 있는 두 딸의 아버지였습니다.

　나는 어느 날 길로트 목사에게 편지를 보냈습니다. 그리고 담임목사실에서 그를 만났습니다. 나는 당시 철학과 종교학의 형이상학에 빠져 있던 때라 토론을 할 상대가 필요했습니다. 나의 아버지는 구스타프 장군으로 우리 집안은 독일인의 혈통과 러시아인의 혈통이 반반인 귀족집안이었습니다. 나는 6남매의 막내딸로 내 위는 모두 오빠들이었습니다. 나는 오빠들과 놀면서 자연히 남성적인 성격이 형성되었습니다. 아버지의 사랑을 듬뿍 받은 나는 기존의 권위에 대한 두려움이 전혀 없었습니다. 오히려 내 스스로 생각하고 독립적인 여성이 되고자 했습니다. 나는 오로지 지성과 정신의 자유를 획득해 작가가 되길 바랐습니다.

나는 학교가 시시해 학교에서의 수업보다는 지적인 독서를 통해 독학했고, 궁금한 것은 최고의 학자들에게 물었습니다. 길로트는 그런 나를 지도하기에 부족함이 없었습니다.

그런데 그와 내가 철학과 역사, 문학과 예술 등에 대해 지적인 토론을 하면 할수록 길로트는 나를 사랑하게 되었고 나에게 청혼을 하는 어처구니없는 일이 일어났습니다. 길로트는 고귀한 인격을 가지고 있었건만 그의 정욕 앞에 그만 무릎을 꿇었습니다. 그는 나를 덮치고 말았습니다. 신이 갑자기 짐승이 되었던 것입니다. 그때 내 나이 19세였습니다. 나를 구해달라는 간절한 기도에 신은 아무런 응답이 없었습니다. 신이야말로 악마임을 나는 그 순간 알았습니다. 천사와 악마는 인간이 만든 허상이었을 뿐입니다. 죽어버린 신이었습니다. 그러나 나는 그 남자를 원망하진 않습니다. 그를 파멸로 이끈

것은 나이기 때문입니다.

그 날 이후 나는 절대로 남자와 섹스를 하지 않는다고 죽어 버린 신께 서약을 했습니다. 나는 평생 이 서약을 지키고자 합니다.

나는 21살에 취리히 대학에서 공부하며 휴가차 어머니와 함께 로마에 갔다가 말비다 부인의 사교모임에서 철학자인 파울 레를 만나게 되었습니다. 나는 파울 레와 지적인 얘기를 많이 나누었습니다. 어느 날 레가 말했습니다. "루가 말한 신과 기독교에 대한 생각이 어찌 니체와 똑같은지 모르겠네. 참으로 기막히네." 나는 파울 레를 통해 당신을 알게 되었습니다. 레는 당신이 자기보다 5살 연상이라고 했습니다. "그럼 니체라는 당신 친구를 만나게 해 주세요."

15. 살로메의 고백

"나는 수많은 독서와 토론을 통해 문자적이고 근본주의적인 신앙을 벗어나게 되었는데 이런 나의 모습은 정통교리에 굳어버린 사람들과 대화가 통하지를 않았습니다. 결국 나는 로마의 베드로성당에서 당신을 만났습니다. 우리는 많은 대화를 나누었습니다. 자주 만나 산책을 하면서 철학과 종교의 형이상학적 토론을 즐겼습니다.

당신은 내가 쓴 시를 읽고 울음을 터트린 적도 있었습니다. 나는 당신을 정신적 친구로 여기었습니다. 그렇습니다. 당신 말대로 우리는 지적인 벗인 동시에 영적으로도 교감하는 사이였습니다. 로마, 몬테사크로, 타우텐부르크에서 머물며 우리가 대화를 시작하면 10시간이 금방 지나가 버렸습니다. 나는 7개월간 여러 곳을 당신과 여행하면서 많은 대화를 나누었습니다. 당신의 사상을 가장 온전히 이해하는 사람은 나라고 자부합니다.

그런데 당신은 나를 정신적 친구로서가 아니라 한 여자로 보고 청혼을 하는 어처구니없는 일이 일어났습니다. 사실 당신보다 먼저 파울 레가 나에게 청혼을 하였습니다. 나는 단번에 거절했습니다. 나는 그 누구와도 부부가 되어 육체관계를 가질 의향이 전혀 없기 때문이었습니다. 파울 레는 섹스를 안

한다는 조건으로 지금 베를린서 나와 동거하고 있습니다.

나는 어느 남자보다도 더 냉정하고 독립적입니다. 푸른 눈의 금발머리를 가진 러시아 여자로만 나를 보지 마시길 바랍니다. 나는 화장도 안하고 머리 또한 아름답게 단장하지 않습니다. 그런 것은 나의 관심 밖입니다. 나는 다만 학문과 진리를 탐구하고자 할 뿐입니다. 당신이 말하는 초인처럼 삶을 치열하게 살고 싶고, 나를 표현하는 삶을 살고 싶을 뿐입니다. 나는 나로 살고 싶습니다.

기존의 권위에 저항하고 반항하는 여전사가 바로 나입니다. 남녀 간의 애정이 나에게는 필요 없습니다. 사랑이란 명분으로 나를 구속하거나 얽어 맬 수 없습니다. 나는 나일뿐입니다. 내가 필요하면 결혼할 것이고 필요 없으면 결혼을 안 할 것입니다. 결혼하더라도 나는 부부관계를 안할 것입니다. 니체여, 나를 잊기를 바랍니다. 당신은 글을 써야만 당신답습니다. 당신은 고통 속에서라야 책을 씁니다. 당신의 책이야말로 피로써 쓴 잠언이요 복음서입니다. 당신의 피울음이야말로 신이 죽은 이 시대에 한줄기 희망의 메시지입니다. 언제인가 후세에 당신의 말을 듣는 청중이 많을 것입니다. 책속에서 나는 당신을 만나고 사랑할 것입니다. 굿바이 니체. 1883. 2. 루 살로메."

나는 루 살로메의 편지를 읽은 밤부터 10일간 광기에 사로잡혀 『차라투스트라』 1부를 휘갈겨 썼다.

16. 파울 레의 고백

파울 레는 루 살로메와 동거를 하다 어느 날 갑자기 살로메가 떠나는 일을 겪습니다. 그 후 파울 레는 떠나간 루 살로메를 그리워하다가 자살하고 맙니다. 다음의 글은 니체를 염두에 두고 쓴 파울 레의 자기고백적인 일기의 마지막 부분입니다.

"나는 파울 레이다. 니체와 친구이나 나는 니체보다 5살 어리다. 나는 1882년 3월 말비다 부인을 통해 로마에서 금발머리를 한 푸른 눈의 루 살로메를 만났다. 그녀는 21살이었고 나는 32살이었다. 문학과 예술을 토론하는 모임에서 루 살로메는 발군의 실력을 발했다. 명석했을 뿐만 아니라 독창적인 생각을 잘 표현해 나는 살로메가 말할 때마다 니체를 떠올렸다.

말비다는 니체를 살로메와 결혼시켜 주고 싶어 했다. 니체에게는 돈이 많고 지적인 여자가 필요하다고 말비다는 생각했다. 여기에 부합하는 여자가 루 살로메였다. 나이 차이가 많지만(무려 17살) 그래도 상관없다고 생각했다. 나는 루 살로메를 만난 지 3주 만에 그녀에게 청혼을 했다. 부부관계는 하지 않는 조건이었다. 그건 우리가 서로 원하는 것이었다.

그런데 루 살로메가 니체를 만난 후에 둘이 은밀히 데이트를 하고 나면 나는 질투심에 사로잡혔다. 니체를 만나고 난 후에 돌아온 살로메는 환희와 기쁨, 희열에 들떠 니체의 말을 음미하는 것을 난 잘 알고 있었기 때문이다. 그러나 나는 은밀히 질투를 했을 뿐 니체와 살로메에게도 결코 기분 나쁘다는 것을 내비치지 않았다. 나는 음흉한 인간이었다. 니체는 살로메에게 청혼하는 것을 나에게 부탁할 정도로 나와 살로메와의 은밀한 관계를 잘 몰랐다.

내게 루 살로메는 뱃사람을 홀린 사이렌과 같은 팜므파탈이었다. 그녀는 한 남자로 만족하지 않았다. 그녀에게 도움이 되거나 호기심을 끄는 지성인이 있으면 자기를 연모하도록 만드는 재주가 있었다. 니체와 나는 살로메를 두고 삼각관계였는데 이 방법을 잘 사용한 것으로 보인다.

루 살로메는 나를 떠난 후 한 남자가 자기와 결혼해 주지 않으면 칼로 가슴을 찔러 자살한다는 협박에 그만 그 남자와 결혼해 살았다. 그 남자는 안드레아스였다. 부부관계 없이 그렇게 오래 살다니 기가 막힌 일이다.

그녀는 사회적 관습과 도덕을 우습게 여기는 반항아적인 기질이 있었다. 또한 대담한 용기가 있어 남성적인 에너지가 넘쳐흘렀다. 자연히 남자를 지배하는데 뛰어났다. 남자는 아름다운 여자가 남성다운 활기와 용기에 가득찰 때 그만 그 여인의 노예가 된다. 그녀는 독수리처럼 용감한 강자로 니체의 초인을 처음으로 구현한 여성이었다. 그녀는 아름답고 지적일뿐더러 무자비하고 잔인했다. 남자에게 말이다. 그녀의 첫 희생자가 '길로트'이고 '니체'이고 그리고 나 '파울 레'였다.

나는 철학과 의학을 공부했는데 이제 생을 마감하려고 한다, 살로메가 없는 세상은 공허하기만 하다. 니체는 살로메가 떠난 후 더욱 더 광기에 사로잡혔는데 나는 그 심정을 이해한다. 사랑은 한순간이고 그 독은 절망의 열매를 맺는다. 니체여, 살로메 때문에 내가 당신을 배신했다고 여기지 마라. 내가 먼저 살로메를 사랑했다. 그런데 5년간 동거하다가 어느 날 그녀는 떠났다. 이제 나는 이제 죽어간다."

17. 운명의 날

1889년 1월 3일

그날 아침 나는 토리노의 하숙집을 나와 칼 알베르트 광장에 들어섰다. 그때 나는 난폭한 마부가 채찍으로 늙은 말을 갈겨 대는 것을 보았다. 나는 날카로운 비명을 지르며 달려가 말의 목을 감싸 안고 울었다. 그리고 정신을 잃고 쓰러졌다. 한 가닥 남은 동정심이 폭발한 후 그만 정신이 나가버렸다.

나는 하숙집 주인에 의해 하숙집으로 옮겨졌다. 나는 깨어 났으나 예전의 내가 아니었다. 한 가닥 남은 정신이 여지없이 무너져 내렸기 때문이다. 이 때 나는 죽었다. 그 이후 10년간 죽은 듯이 병상에 식물인간처럼 누워 지낸 것은 내가 아닌 나였다. 내가 쓰러진 10년간 나의 여동생 엘리자베스가 내가 쓴 글과 메모를 편집해 책을 내었으나 그 글은 온전한 내 글이 아니다. 나를 반유대주의자로 이용한 것은 엘리자베스의 짓인데 나는 그녀를 용납할 수 없다.

나는 1900년 8월 25일 눈을 감았다. 죽기 전 2년은 아무 감각도 없고 생각 또한 없었다. 나는 뢰켄의 아버지 묘지 옆에 나란히 묻혔다.

내가 쓰러진 날 이후에 루 살로메는 내게 종종 편지를 보내 왔다. 나의 여동생은 그 편지를 내게 보여 주지 않고 숨겨 놓았다. 그런데 나는 어느 날 그 편지 중의 일부를 발견해 읽어 보았다. 그리고 생각나는 대로 여기에 옮겨 적어 본다.

18. 루 살로메의 편지 - 고레스(키루스2세)

"구약에선 영웅적인 인물은 그리스도가 됩니다. 기름부은 자는 그리스도이기 때문이지요. 역사상 위대한 인물을 메시야(헬라어로 그리스도)라고 쓴 인물은 예언자 이사야입니다. 그럼 구약에서 메시야로 인정받은 인물은 누구인가요? 바로 이 교도이자 이방인인 고레스(키루스2세)입니다. 그가 바빌론의 압제에서 유대인을 해방시켰기 때문이지요. 그는 유대인이 아니라 페르시야인이었습니다.

헤로도투스에 의하면 키루스(이하~키루스2세를 약칭해 키루스라고 함. 한국에서는 고레스라고 번역함)의 어머니는 메디아 왕국의 왕인 아스티게스(Astyges)의 딸인 '만다네'였습니다. 아스티게스가 어느날 꿈을 꾸었습니다. 꿈속에서 딸이 오줌을 누었는데 오줌이 황금 강물로 변해 왕국을 홍수로 만들어 버렸습니다. 아침에 일어난 아스티게스가 어전으로 사제들을 불렀습니다.

"내가 이런 꿈을 꾸었는데 자네들이 해몽을 해 보라."

왕은 사제들에게 자신의 꿈을 들려주었습니다. 잠시의 침묵 끝에 사제의 우두머리는 한참을 망설이다가 용기를 내어 말하였습니다.

"폐하, 그 꿈에서 공주에게서 나온 오줌은 장차 출생할 아이를 말함이고 그 아이가 자라면 이 왕국을 빼앗을 것입니다."

공주가 낳을 아이가 왕국의 통치를 위협할 것이라는 해석에 아스티게스는 딸인 '만다네'를 변방의 작은 왕국이었던 '얀산'의 왕에게 시집을 보내버렸습니다.

세월이 지나 만다네와 얀센의 왕 사이에 한 아이가 태어났습니다. 그 아이가 키루스였지요. 아스티게스는 손자인 키루스를 죽이려고 했으나 신하가 태어난 아기를 불쌍히 여겨 소를 치는 소치기에게 그 아이를 주어 양육하도록 했습니다. 물론 아이를 죽였다고 거짓 보고를 했지요. 마침내 BC.559년 키루스는 안샨 왕이 되었으며, 9년 후에 아스티게스를 쳐서 메디아를 멸망시켰습니다. 만다네의 꿈처럼 신탁이 이루어진 것이지요. 키루스는 4년 후에 리디아를 점령하고 드디어 BC. 538년 신바빌로니아의 바빌론 도성마저 점령하였습니다. 이 때 신바빌로니아에 잡혀 있던 유대인 포로들을 해방시켰습니다. 그는 페르시아 제국의 기초를 세우고 초대황제가 되었습니다.

키루스의 출생은 신화적인 요소가 강합니다. 그는 사실 비천한 출신에서 왕위에 올랐을 가능성이 큽니다. 그를 신성하게 추켜 세우고자 메디아 왕의 손자라고 갖다 부치는 것은 고대인에겐 자연스러운 일이었지요. 신화의 시대를 살았던 당시에 정복왕의 혈통을 신성하게 높이는 것은 당연한 관례였습니다.

키루스는 피정복지에 대해서는 그 지방의 신神을 인정하고, 풍습을 존중하며, 자치를 허용하는 등 유화정책을 썼습니다. 앗시리아와 신바빌로니아가 정복지의 민족성을 말살하는 가혹하고도 철저한 중앙집권적 정책을 추진했다면, 페르시아는 각 민족의 자치와 종교에 관용적이고 지방분권적 정책을 추진하였습니다. 반역을 하지 않고 세금만 잘 내면 되었지요. 키루스는 종교적인 관용 정책으로 유대인 뿐만 아니라 각 민족의 종교를 허용해 주고, 자기 종교의 신전을 세우도록 허용해 주었습니다.

다니엘서 5장에는 그 유명한 벨사살[벨샤자르]의 마지막 잔치가 나옵니다. 그날 밤에 바빌론은 키루스에 의해 멸망하였습니다. 나보니두스와 그의 아들인 벨샤자르(Belhshazzar, 구약성경의 벨사살)는 바빌로니아의 주신主神이었던 마르두크[Marduk]를 믿지 않았을 뿐만 아니라, 이 신을 믿는 사제들을 탄압하였습니다. 당시 나보니두스는 달신月神[Sin]을 숭배했습니다. 또한 빈부격차가 극심하여 민중들의 고통이 하늘에 닿았지요. 자연히 왕은 마르두크의 사제들과 일반 백성들로부터 원성과 비난을 받았습니다. 마르두크의 사제들은 비밀리에 적국의 왕인 키루스로부터 자신들의 권리를 보장해줄 것을 약속받은 후에 키루스의 바빌론 입성을 도왔습니다. 결국 키루스는 이 내부 반란을 이용하여 기원전 538년 신바빌로니아를 점령했습니다. 물론 유프라테스의 강물을 돌려 해자垓字를 마르게 해 비밀통로를 통해 천하의 요새인 바빌론성으로 잠입한 것은 매우 유명한 이야기이지요. 키루스는 세계 최초로 '정의'를 군주의 덕목으로 설정하고 이를 실천하여 후세의 영웅들에게 큰 영향을 주었습니다. 정의는 한마디로 공정해야 한다는 공정성입니다.

유대인은 키루스를 메시야로 여겼고 또한 페르시야 문화와 종교에 대해 매우 우호적이었습니다. 그 결과 조로아스터교의 이원론, 신과 사탄, 천사와 악마, 종말론, 최후의 심판, 천국과 지옥, 심판과 부활, 메시야의 강림이 유대교에 스며들어 이후 신약성서의 탄생에 지대한 영향을 주었습니다. 그리스도교는 이처럼 페르시야와 헬라의 고대 근동 문화의 융합이었던 것입니다."

19. 루 살로메의 편지 - 이원론과 일원론

"종교는 진화합니다. 구원이 민족의 영역을 벗어나 배타성에서 보편성으로 진화하면서 개인의 선택을 존중하게 되었습니다. 또한 삼위일체의 신 개념이 탄생하고 성령공동체로서의 교회가 탄생한 것은 유대교가 그 껍질을 벗고 그리스도교가 되면서 진화한 것이지요. 인간의 문명이 발전하듯 종교 또한 진화하고 발전합니다. 반면 폐쇄적인 종교는 퇴보와 몰락을 겪어 왔습니다.

그럼 선과 악의 기원은 무엇인가요? 페르시야 종교에서는 우주론적으로 선과 악이 애초부터 있다고 말하는 이원론을 주장합니다. 그러나 구약성서는 아담이 타락한 것을 악의 근원이라고 봅니다. 인간의 자유의지가 타락해 악이 생겨 났다는 것이지요. 악은 애초부터 존재하는 것이 아니라 선의 결함이라는 것입니다. 만물은 신으로부터 유래하고 신에게 돌아간다는 히브리인의 사유는 일원론에 가깝습니다. 히브리의 신은 축복과 은혜의 신인 동시에 질투와 저주의 신입니다. 일원론이기 때문입니다. 세상의 선 뿐만 아니라 악마저 신의 섭리에 있다는 것입니다.

그리스도교는 유대교의 토양에서 싹이 텄으나 그리스 종교의 영향으로 신이 육화(인카네이션)를 했다고 주장하고 삼위일체의 신 개념을 만들어 냈습니다. 인간 예수를 신으로 승귀^{昇貴}시킨 것은 그리스 종교의 영향입니다. 헬레니즘의 문명하에 그렇게 생각하는 사람들이 많았기 때문이었습니다. 그 결과 유대교와는 전혀 다른 종교가 되었습니다. 이것이 그리스도교의 탄생입니다. 그리스도교의 신약성서에는 이원론적인 말이 많이 들어 있습니다. 헬라 문명의 영향을 많이 받았기 때문입니다. 이처럼 그리스도교에는 유대교를 바탕으로 하면서도 페르시야와 그리스의 문명과 종교의 성취가 혼용되어 있습니다. 나는 이것을 특히 바울서신에서 많이 발견합니다.

나는 종교에 심취한 적이 있었습니다. 나는 종교에 몰입하였는데 마치 중독된 자처럼 황홀경에 빠진 적이 많았습니다. 수녀가 되고픈 적도 있었지요. 그러나 순결을 잃은 후엔 그 길을 단념하고 세속도시에서 성녀로 사는 길을 선택했습니다. 앞서 말했듯이 결혼하더라도 섹스는 안하리라고 신께 서약을 했습니다.

니체여, 당신이 말한 '신은 죽었다'는 당신 개인의 신일 뿐입니다. 당신 말대로 천 명의 사람이 있다면 천 개의 신이 있기 때문이지요. 무신론자라 하더라도 각자 자기의 신을 믿고 있습니다. 정신 자체가 신이기 때문이지요. 인간은 신념과 도덕이란 가치체계를 가지고 사는 존재입니다. 그러니 유신론자와 무신론자를 구분하는 것은 무의미한 것이지요. 오직 양심에 솔직해야 합니다. 양심이 지성소이고 양심의 소리가 신의 은밀하고 세미한 음성입니다. 그런데 지금 양심이 죽어가고 있으면서도 이를 깨닫지 못하고 있습니다. 신을 만나는 자리는 양심 이외에 그 어디에도 없습니다. 그래서 바울이 성령과 양심안에서 신을 섬긴다 했고, 루터가 교황 앞에 당당히 파문을 앞두고 '나는 양심이 시키는 대로 한 것이다'라는 최후의 발언을 했던 것입니다.

동일한 것이 영원히 반복된다는 당신의 주장을 이해하기 어렵습니다. 왜냐하면 신은 일자一者이면서 다자多者이기 때문입니다. 신은 전체인 동시에 다양한 모습으로 표출합니다. 수많은 종교는 다자로서 존재하는 신의 현현이지요. 어느 특정 종교가 우월하다고 볼 수 없습니다. 일자로서 동질적인 것이 영원히 반복된다면 인간사의 수많은 변화를 어찌 다 설명할 수 있다는 말인가요? 신이나 인간이나 일자인 동시에 다자입니다.

이원론도 틀렸고 일원론도 틀렸습니다. 그것은 신의 존재방법이 아니라 다만 인간의 생각일 뿐입니다. 구약에는 일원론이 강하고 신약은 이원론이 강하게 보이지만 그것은 껍데기일 뿐입니다. 그 시대의 사람들에게 그런 논리로서 설명할 수 밖에 없었기 때문입니다. 신이 인간에게 영감을 줄 때 그 시대사람들에게 알아듣게 영감을 주어 기록으로 남겨둔 것이 지금의 성서 아닌가요.

오직 하나의 종교만이 절대적이고 메시야가 오직 한 명이라는 주장은 그 종교내에서만 통용되는 진리일 뿐입니다. 만약 신이 존재한다면 신은 여러 모습으로 현현할 수 밖에 없습니다. 왜냐하면 민족과 종교마다 역사적, 시대적 상황이 각기 다르기 때문이지요. 모든 민족마다 그 민족의 메시야는 존재해 왔고 앞으로도 그럴 것입니다. 유대인들은 민족이 다름에도 이교도인 키루스를 메시야라고 여겼지 아니한가요.

언젠가 세계가 하나가 되어 하나의 종교가 세계를 지배할 수 있을까요? 또는 여전히 여러 종교들이 현존할까요? 아니면 무신론자들이 많아지는 세상이 될까요? 앞날은 알 수 없지만 새로운 세상에 새로운 종교가 출현할 지도 모르겠습니다. 그 새로운 종교는 이전의 종교와는 달리 종교의 냄새를 피우지 않고 전혀 다른 가치체계를 가지고 인류를 이끌게 될 지도 모르겠습니다."

20. 루 살로메의 편지 – 신의 죽음에 대해

"신이 죽으면 모든 것이 해체된다는 믿음은 우상 숭배적인 믿음입니다. 왜냐하면 예수그리스도가 십자가에 달려 죽은 것 자체가 신이 죽은 것을 말하기 때문입니다. 누가 죽였는가요? 당신 말대로 우리 인간이 죽였습니다. 지배자들이 죽였지요. 그럼 누가 죽은 신을 살렸는가요? 억눌린 민중들이 죽은 신을 살렸습니다. 이게 부활의 뜻입니다. 예수만 그리스도라는 믿음은 역사를 알지 못하는 자의 맹신에 불과합니다. 억울하게 죽어가는 이 땅의 억눌린 민중이 바로 어린 양이자 기름부은 자, 바로 그리스도인 것입니다.

억울한 의인이 그리스도입니다. 이들의 희생 덕에 인권의식은 발전할 것입니다. 지금은 여성이 차별을 받는 것이 당연하다고 여기나 점차 인권의식이 발전해 남녀의 차별은 구시대의 유물이 될 것입니다. 이것이 이사야 53장의 비의입니다. 고난당하는 의인에 의해 역사는 발전할 것입니다. 그러므로 인간 예수를 알아야 신의 아들이 바로 인간임을 알 수 있습니다. 우리가 바로 신의 자녀임을 알 수 있습니다.

그런데 사제들은 늘 예수만이 신의 독생자라고 하고 인간들은 벌레라고 합니다. 이것은 예수를 배반하는 길입니다. 예수는 무엇을 말했는가요. 누구든지 기름부음을 받으면 신의 아들, 딸이라고 말했습니다. 기름부음은 성령을 받으라는 말입니다. 성령을 받으면 누구나 신의 자녀인 동시에 그리스도를 닮아 가는 것입니다.

그리스도교는 신의 역사 완성을 위한 특정한 종교들 중의 하나일 뿐입니다. 역사상의 다른 종교들처럼 화석이 될 수 있습니다. 비판과 재해석을 허용하지 않고 굳어 버리는 종교는 화석이 되고, 반면에 도전을 받아들여 시대에 맞게 재해석을 하면 진화하고 발전해 나갑니다. 앞서 말했듯이 그리스도교는 유대교에 뿌리를 두었지만 페르시아와 그리스의 종교와 사상의 도전을 받아들여 진화한 것입니다. 그런데 지금은 과학과 이성의 도전 앞에 그만 굳어져 버렸습니다. 굳어지면 화석이 되어 역사 앞에 무덤을 남길 수 밖에 없습니다. 유럽의 성당과 교회당은 그리스도교의 무덤이 될 것입니다.

훗날 어떤 종교가 탄생할지 아무도 모릅니다. 인간이 멸종하지 않는 한 어떤 형태로든지 종교는 존재할 것입니다. 인간은 정신적, 영적 존재이기 때문입니다. 인간은 삶의 목적과 의미를 추구하기 때문입니다. 니체여, 신은 죽어도 다시 인간에 의해 신은 부활합니다. 종교는 인간 영혼의 산물이기 때문입니다. 그러므로 영생은 다른 게 아니라 인간 종족이 멸종하지 않고 세상에서 생을 이어가는 게 영생입니다. 동일한 것의 반복은 인간이 이 우주에서 계속 살아간다는 의미일 뿐입니다."

21. 루 살로메의 편지 - 세례 요한

"세례 요한은 왜 세례자라는 별명을 얻게 되었는가요? 그가 준 세례는 물로 세례를 준 침례였습니다. 그가 펼친 세례의 역사적 의미는 무엇인가요? 세례 요한은 유대교에서 수천년간 반복되어 온 예루살렘 성전 중심의 이데올르기를 깨뜨린 최초의 혁명가였습니다. 요한 이전에는 예루살렘 성전에서만 제사장들이 제물을 바치고 죄인은 웅덩이 물속에서 몸을 깨끗이 하는 정화의식을 행하였습니다.

짐승을 제물로 바쳐 제사드리는 제사권은 제사장들의 독점적인 권한으로 경제적인 이익을 그들에게 가져다 주었습니다. 왕권과 제사장의 권위는 일체가 되어 백성을 억압했지요. 특히 바빌론 유수 이후 레위기와 신명기가 편집되면서 왕 이외에 백성은 모두 죄인이라고 선언되었습니다. 절대 권력자는 자신의 권력에 저항하지 못하도록 모든 인간은 죄인이라고 정죄했던 것입니다. 종교는 죄인에게 절대 권력과 절대 복종을 요구합니다. 그 결과 백성에게 있어 신은 너무나 먼 존재였고, 왕과 제사장은 아주 가까운 존재로 백성을 신과 죄의 이름으로 수탈하였습니다. 전적인 충성만을 요구하였지요.

백성들은 구약에서 제물이 없으면 죄를 씻을 길이 없었던 것입니다. 이 제사 독점권을 침례를 통해 최초로 박살낸 것이 요한이었고 이를 계승한 자가 예수였습니다. 속죄의 구약 제사를 드릴 필요 없이, 신 앞에 그저 빈손으로 회개하고 용서를 빌라고 요한은 말하였습니다. 당시 가난한 민중들은 1년에 1번 성전조차 갈 수가 없었고 비싼 제물을 마련할 돈도 없었습니다. 그 결과 그들은 율법으로는 죄인들이었습니다. 짐승을 잡아 바치는 속죄의 제사를 드릴 수 없으니 죄사함을 받을 길이 없었습니다. 이 장벽을 허물어뜨린 자가 요한이었습니다. 그는 성전중심체제에 반항하고 자신 스스로 신적인 영감에 사로잡혀 회개와 죄사함의 세례를 행하였던 것입니다. 그리고 이를 이어 받은 자가 예수입니다.

유대교 전통에 없는 침례라는 것을 세례 요한이 최초로 시행하였습니다. 제물 없이 그저 맨 몸으로 요단강에 푹 담갔다가 꺼내주면서 죄사함을 받는다고 하니 그야말로 백성들에게는 기쁜 소식이었습니다. 속죄의 제사상에 제물을 올리는 것을 일거에 그만두게 한 혁명적 운동을 전개한 것이었습니다. 요한의 침례는 일생에 단 한번으로 족했던 것이지요. 물속에 풍덩 들어갔다 나오는 것으로 자신의 죄가 사해진다고 하는 혁명적 발상을 예루살렘 성전 옆 웅덩이물의 정화 의식에서 아이디어를 얻어 그것을 초극하는 극적인 신성神性을 보여 준 것이 세례자 요한이었습니다. 단 1회의 침례로 죄사함을 받는다고 하는 혁명적인 발상을 실천하였던 것이지요.

그런데 이것은 요한이라는 일개 한 선지자의 영웅적인 행위가 아니라 당시의 시대적인 분위기를 반영하는 것입니다. 민중의 영적인 자각과 각성이 진행되어 더 이상 지배 계급의 독재와 독점이 불가능해지는 시대로 진입하였던 것입니다. 그러자 제사장들은 요한을 귀신들린 미친놈이라고 비난하였습니다. 요한의 세례야말로 구속사의 전환을 이루는 획기적인 사건입니다. 바로 예수가 이를 발전시켰기 때문입니다.

예수는 성전을 중시하지 않았습니다. 예루살렘 성전의 신성한 권위마저 의심하였습니다. 성전이 본래 기능을 저버리고 체제를 유지하는 보수적인 집단이었기 때문이었습니다. 예수는 예배 장소가 중요한 것이 아니라 어느 곳이든 영과 진리로 예배드려야 할 것을 말하였습니다. 그는 비싼 속죄의 제물을 드려야 죄사함을 받는다는 제물위주의 신앙을 거부하고, 진정한 마음의 회개와 그 실천을 주장하였습니다. 그것은 성전중심의 기득권층에게는 날벼락이었습니다. 결국 자기들의 기득권 체제가 부정당하고 화려한 밥그릇을 받치는 민중들이 줄어들게 뻔하기에 예수를 죽이고자 음모를 꾸몄습니다.

속죄의 제사를 그만 두고 회개하고 요단강에서 침례를 받으라고 한 요한의 말은 급진적이고 혁명적인 주장이었습니다. 예수의 운동은 바로 이러한 세례 요한의 운동을 계승한 것이었습니다. 예수는 요한이 처형되자 사역을 시작했고 요한 보다 한발 더 나아가 성령 세례를 받으라고 외쳤습니다. 성령 세례는 누구나 하나님의 아들이 될 수 있다는 선언이었습니다."

22. 루 살로메의 편지 - 세례 요한의 죽음

"요세푸스(기원후37~100)는 고대 유대인 역사가로 예루살렘의 귀족 제사장 가문에서 태어났습니다. 그는 유대 전쟁에 참전했으며 예루살렘의 함락을 모두 지켜본 후 자신의 경험과 여러 자료를 토대로 『유대전쟁사』를 저술해 높은 평가를 얻었습니다. 그는 기원후 95년경, 천지창조 때부터 시작해 유대인들의 역사를 서술한 『유대 고대사』도 완성시켰습니다. 요세푸스에 의하면 "세례 요한이 백성들 가운데 인정받고 세력을 얻어가자 이에 위협을 느껴 요한을 체포하여 광야 깊숙이 있는 '마카이루스'에 감금한 후 처형했다"고 합니다. 그가 죽임을 당한 주된 원인은 기존 체제를 위협하는 불순한 인물이라서 정치적으로 처형된 것이라는 말입니다.

요세푸스가 기록한 헤롯 안티파스와 헤로디아와의 불륜 이야기를 보면 헤롯 안티파스가 동생의 아내인 헤로디아에게 반해 사건이 벌어진 것입니다. 그 둘은 이미 결혼하여 각자 부인과 남편이 살아 있었는데 이런 불륜 사건이 벌어진 것이지요.

"헤롯 안티파스는 아라비아(정확히는 페트라)의 왕 아레타스의 딸과 결혼하였다. 그런데 안티파스가 로마에

갔을 때에 이복동생인 헤롯(또는 빌립)의 집에 머물렀다. 동생인 빌립의 부인이 헤로디아였다. 매우 아름다웠다. 안티파스와 헤로디아가 서로 좋아하게 되자 헤로디아는 자기와 결혼하려면 먼저 부인과 이혼할 것을 요구하였다. 안티파스는 사랑에 빠져 제정신을 잃고 이혼한다고 약속했다. (안티파스의 아내는 이를 알고 아버지의 조국으로 분노에 차서 돌아갔다. 배우자가 다들 죽었다면 이들의 사랑은 별 문제가 없었을 터인데 배우자가 멀쩡히 살아 있는데 유부남과 유부녀가 바람이 난 것이 문제였다. 더구나 동생의 아내를 가로챈 것이다. 율법에 어긋난 일이었다. 그것도 최고 권력자가 말이다. 헤로디아가 보기에 첫 남편인 빌립이 영 시원찮았나 보다.) 화가 난 아레티스 왕은 군대를 일으켜 안티파스 군대를 대파해버렸다. 이를 본 유대인들은 헤롯 안티파스가 패배한 것은 신의 심판이라고 여겼다."

이상이 역사가 요세푸스가 기록한 사건의 실체입니다. 요세푸스는 마태복음서의 말대로 왕의 불륜 사건을 요한이 비난한 것으로 인해 불륜남녀들이 세례 요한을 처형했다고 보지 않았습니다. 그런데 복음서 기자는 요한이 불륜을 저지른 것을 지적한 것이 그의 죽음의 원인이라고 말하고 있습니다. 그러나 불륜 지적이 주요인이 아니라 정치적 요인이 주요인이고, 불륜 비난은 부차적인 것입니다. 복음서의 기록은 세례 요한의 죽음을 너무 초라하게 보지 않는가 말입니다. 나는 요세푸스의 기록을 더 신뢰합니다.

세례 요한은 사회 정의를 요구하였습니다. 그의 정의를 요구하는 이런 태도가 권력자들에게는 못마땅했습니다. 왜냐하면 백성들이 따랐기 때문입니다. 권력자의 불륜을 비판한 것은 당시에 도덕적인 문제인 동시에 정치적인 문제였습니다.

다시 말하거니와 요세푸스의 기록에 의하면 헤롯 안디파스가 세례 요한을 처형한 것은 요한의 인기가 많아서 민중들이 민란과 소요를 일으킬까 두려워해 반란을 사전에 막기 위해서 처형한 것을 보여 줍니다.

그럼 세례 요한이 한 일은 무엇인가요? 그가 한 일은 성전 중심, 제사 중심의 유대교를 개혁하고자 한 일이었습니다. 예루살렘 성전에 올라가 비싼 제사를 지내야 죄사함을 받는다는 것이 당시의 종교 지배 이데올르기였습니다. 그는 거짓된 종교 이데올르기를 거부하고, 다만 장소를 불문하고 회개하고 세례를 받으면 죄사함을 받는다고 가르쳤습니다. 물속에서 침례를 행한 것은 형식이었을 뿐입니다. 이런 주장은 하층의 가난한 사람들의 열렬한 지지를 받았습니다. 예수 역시 이에 동의하여 그로부터 침례를 받고 제자가 되었던 것입니다.

그럼 당시 사람들은 예수와 세례 요한을 어떻게 생각했을까요? 사람들은 세례 요한과 예수를 동일시하였습니다. 헤롯은 예수를 다시 살아난 요한으로 보았지요. 예수는 누구인가요. 바로 세례 요한이라고 보았습니다. 이같은 인식은 유대인들에게도 나타납니다. 마가복음 8장에서 "너희는 나를 누구라 하느냐"는 물음에 제일 먼저 세례 요한이라고 사람들이 답하는 것으로 증명됩니다. 그런데 여기서 예수는 베드로의 고백을 들은 후 자신의 수난을 예고합니다. 세례 요한이 죽임을 당한 것처럼 인자도 고난을 받고 죽임을 당한다고 말합니다.

그렇습니다. 세례 요한의 운명과 예수의 운명은 동일합니다. 고난받고 죽임을 당하는 것이지요. 둘은 모두 신의 심판이 도래했으니 회개하라 외쳤습니다. 도끼날이 나무에 아주 가까이 있기에 어느 순간 나무는 베어질 것입니다. 그러니 지금 당장 회개하고 죄사함을 받으라는 것입니다. 세례 요한이야말로 예수의 수난을 미리 보여준 선구적인 행동가였습니다. 마가복음 기자는 세례 요한이 잡히자 예수의 사역이 시작된 것으로 말합니다. 요한의 후계자가 예수인 것이지요. 세례 요한이 잡힌 후 요한의 제자들이 도망가는 사건이 일어났습니다. 그런데 용감하게 예수는 이것을 신의 역사 개입의 순간, 즉 카이로스의 때라고 인식하고 죽음을 무릅쓰고 요한의 제자들을 거두어 들이고 사역을 시작합니다."

23. 나를 아는 자가 있는가

    내가 기독교의 연민, 이웃사랑, 이타심을 비판하는 것은 기독교 속에 있는 저급하고 비열한 것을 극복하고자 하는 것일 뿐이다. 나야말로 가장 기독교에 대해 연민에 빠진 자이다. 나를 제대로 아는 자가 있는가. 내 가족도 나를 모른다. 나는 외롭고 고독하다. 나는 나를 알아 주는 인물과는 그 누구라도 편지를 주고 받았다. 나를 알아 주는 인물이 있다면 덴마크의 브란데스와 러시아의 루 살로메일 정도일 것이다. 신학자 중에는 오버베크가 있을까. 나도 나를 모르는데 그 누가 나를 알겠는가. 나는 미친 놈 아닌가.

24. 오버베크에게 쓴 편지, 그리고 도스토예프스키

1882년 12월 25일 나는 신학자인 오버베크에게 편지를 썼다. 루 살로메와의 만남과 이별에 대한 편지였다. 내 글에는 루 살로메에 대한 연정과 연민, 아쉬움과 회환으로 가득차 있었다. 나는 나를 인정하고 이해해 주는 그녀에게 흠뻑 빠져 있었던 것이다. 스위스 루체른 공원의 사자상앞에서 지난 5월 초 청혼을 하였다. 그런데 살로메는 잔인하게 나의 청혼을 거절했다. 나는 그 충격에 거의 실신해 식음을 전폐하고 사흘을 누워 있었다.

나는 오버베크에게 다음과 같은 편지를 썼다. "루 살로메와의 관계는 가장 고통스러운 상황에 이르렀습니다. 내 친구여 연민은 일종의 지옥입니다."

이루어질 수 없는 사랑에 목매는 나의 모습은 지옥과 다름이 없었다. 나는 지옥의 심연속에서 방황하고 또 절망했다. 그리고 그 심연을 기어나와 그녀를 생각하면서 차라투스트라의 1부를 적어내려 갔다. 이루어질 수 없는 사랑과 충격으로 내 머리에 번개가 번쩍번쩍 내려쳤던 것이다. 그것은 고통이자 환희였다.

나는 고통속에서 도스토예프스키를 떠올렸다. 간질병에 시달리는 고통의 심연에서 도스토예프스키가 소설을 썼던 것을 나는 잘 알고 있었다. 도스토예프스키에게 간질병은 지옥같은 극심한 고통이었다. 그런데 작가에게 불치의 질병은 쾌락이자 환락임을 나는 잘 알고 있었다. 극심한 고통이 지나가고 난 후에 솟아오르는 쾌감을 나는 잘 알고 있었기 때문이었다. 우울하고 비루할 뿐만 아니라 패덕하고 잔인한 인물이 나오는 그의 소설속의 인물들은 나와 너무나 닮아 있었다. 나 역시 그처럼 심연의 고통속에서 간간히 겨우 샘물을 길어와 글을 쓰고 있었다.

　　도스트예프스키가 나와 다른 것은 그는 조국인 러시아를 사랑했고, 나는 나의 조국 독일을 미워했다는 데 있다. 그는 너무나 신을 사랑했고, 나는 신을 죽였다는데 있다. 그러나 일생동안 잔인한 병고의 고통, 궁핍과 가난속에서 글을 써 내려간 것은 그와 나의 공통점이었다. 그는 도박에 중독되어 도박빚 때문에 글을 썼고, 나는 돈과 상관없이 나를 표현하기 위해 글을 썼다. 그의 작품에 보이는 음침하고 불결한 인간들, 돈과 여자가 나오는 퇴폐적인 분위기, 허무주의와 무신론에 찌든 러시아의 지성인들과 민중들의 모습은 바로 나의 모습이었다. 나는 겉으로는 귀족적인 것을 좋아하나 나 역시 속물과 다름없기 때문이었다.

25. 루 살로메의 편지

"니체여 당신은 망치를 든 거친 철학자가 아니라 섬세하고 다정한 여인입니다. 나는 그것을 당신을 처음 만난 날 직감으로 알았습니다. 책에서 만난 당신은 거칠고 공격적인 전사와 같았으나 실제 만난 당신은 부드럽고 수줍음이 많은 여성성을 간직하고 있었습니다.

당신의 광기는 당신이 대중들로부터 인정을 받지 못해 외로움이 극에 달한 데에도 일부 기인합니다. 당신은 당신의 사상이 인정을 받기를 원합니다. 그러나 대중은 당신의 새로운 스타일의 글에 익숙하지 못하며 지성인은 메마른 감성의 소유자들이라 당신을 제대로 볼 수 없어 그만 방치합니다. 그러니 당신은 책을 낼 때마다 외면받고 상처를 받습니다. 이토록 당신의 영혼과 정신은 여리고 여립니다. 쉽게 부서지기 쉬운 영혼의 소유자가 당신임을 나는 잘 압니다.

당신의 여성성이야말로 섬세하고 날카로운 통찰력을 당신에게 가져다 주었고, 세계를 비판함과 동시에 새로운 사상의 잉태를 가져오게 한 것입니다. 당신의 남성적인 야수성속에는 섬세한 여성성이 힘차게 약동하고 있습니다. 이 중적인 것의 융합이 당신을 매력있게 할 것이나 당신의 책은 후세에나 인정을 받게 될 것입니다. 나는 앞으로 당신의 사상을 소개하는 책을 쓰고자 합니다. 그러니 니체여, 나와의 이루어질 수 없는 사랑에 서글퍼 할 필요도 없고 분노할 필요도 없습니다. 나는 당신의 책을 좋아합니다. 당신이 쓰는 책이야말로 내게 쓰는 연애편지입니다. 당신의 글은 당신 영혼의 자기 고백입니다. 남에게 읽히기 위한 글이 아니라 당신 자신을 위한 글이기 때문입니다. 나는 이를 잘 압니다. 당신의 글이야말로 내가 읽은 글 중에서 가장 정직한 글입니다. 나는 당신의 책을 기다리고 있겠습니다. 당신의 삶 자체가 당신의 사상입니다."

26. 루 살로메의 편지

"당신의 병고는 신이 내린 형벌입니다. 그런데 이런 형벌은 죄로 인한 것이 아니라 인간 세상에서 누구나 겪는 질고입니다. 인간은 언제인가 죽을 수 밖에 없는 존재이고, 병고를 안고 사는 것은 모든 인간의 운명이기 때문입니다. 당신의 병고는 형벌인 동시에 축복입니다. 당신은 말못할 고통속에서 허우적 거리다가 깨어나는 과정에서 새로운 영감의 불꽃이 타오르기 때문입니다. 그 영감의 불꽃을 문장으로 남기는 게 당신의 운명입니다.

당신은 반복되는 질병과 고통속에서도 삶을 포기하지 않는 투쟁을 벌이며 사유의 극한까지 밀어부쳤습니다. 이것이야말로 신의 축복 아닌가요. 나는 자유를 존중하며 이 점에서는 당신과 마찬가지입니다. 일체의 억압이 없는 자유의 세계가 우리가 걸어가야 할 길이며 만일 신이 존재한다면 그 역시 인류가 자유의 행진을 밟아 가는 것을 계시한다고 믿습니다. 당신의 글은 허무주의가 만연한 시대에 허무에 굴복해 살지 말라는 자기 구원의 음성입니다.

"진리는 없다. 모든 것이 허용된다."(『도덕의 계보』)는 당신의 말은 삶에의 의지에서 나온 말입니다. 비참한 극빈에 시달리는 자에게 기존의 도덕과 진리는 별 소용이 없습니다.

생명은 우선 살리고 보는 것입니다. 안식일이 신을 위해 있지 않고 인간을 위해 있다는 예수의 말이야말로 참으로 통쾌한 말입니다. 짐승으로 사는 것이 아니라 사람의 아들, 즉 인자로 사는 것이 인간다운 길임을 보여 주었습니다. 보다 높은 수준의 도덕을 위해선 저열한 수준의 도덕은 폐기될 수 있습니다. 그렇다고 도덕이 무용하다는 것은 아닙니다. 허무주의가 유행인 이 시대에 새로운 도덕의 수립이야말로 지성인의 의무라 할 수 있습니다."

27. 니체의 답변

"나의 사랑하는 루.

당신의 편지를 받는 것이 가장 큰 기쁨이요. 당신과의 기탄이 없는 대화는 우리 두 사람이 후세인이 걸어가 도달하게 되는 아주 작은 길을 열게 될지도 모르오. 나는 나를 이겨보도록 하겠오."

끝.

나가는 말

　나는 그리스도인이다. 예수님은 나의 스승이자 친구이자 삼위일체의 주님이다. 내 삶의 전부는 주님과의 동행이었음을 고백한다.

　니체는 그리스도인에게 금기의 대상인 듯 하다. 그러나 진리는 그 어느 것의 도전도 두려워할 필요가 없다. 니체를 알아야 니체를 극복할 수 있다. 니체를 두려워할 필요가 전혀 없다는 말이다. 니체를 알면 신앙이 더 강건해지고 용기가 더 생겨난다. 니체를 소화하면 약이 되고 그렇지 못하면 독이 된다. 니체를 금기시하면 득보다 실이 크다.

　니체가 지적한 도전과 통찰에 대해 응전하고 극복해야 한다. 19세기말의 시대상황속에서 니체의 사상이 나왔는데 그것은 당대의 시대상을 반영한 것이다. 니체는 삶에 충실하자고 말했을 뿐이다. 니체는 비유와 상징으로 선포하듯 문장을 썼기에 마치 복음서를 읽는 듯하다. 니체는 용감무쌍한 패러디의 대가이다.

　사람마다 생각이 다르다. 니체는 자기 생각을 솔직히 말했을 뿐이고 우리는 걸러서 들으면 된다. 앞으로 니체를 그리스도교 입장에서 다룬 책을 쓰고 싶다. 이 책은 니체를 알고 그를 넘어서고 극복하고자 하는 나의 첫 걸음이다. 끝까지 읽어 준 독자들에게 머리 숙여 감사를 드린다.

글쓴이 연창호

2022. 8.